高宇 著

长安处处有故事

成语典故

陕西新华出版传媒集团
陕西人民教育出版社
·西安·

图书在版编目（CIP）数据

长安处处有故事．成语典故 / 高宇著．-- 西安：陕西人民教育出版社，2019.12

ISBN 978-7-5450-6265-6

Ⅰ．①长… Ⅱ．①高… Ⅲ．①西安－地方史②汉语－成语－故事－通俗读物 Ⅳ．① K294.11② H136.31-49

中国版本图书馆 CIP 数据核字 (2019) 第208180号

CHANG'AN CHUCHU YOUGUSHI CHENGYU DIANGU

长安处处有故事

成语典故

高宇　著

责任编辑　郑丹阳
封面设计　麦　伢　胡珊蓉
内文设计　秦呈辉
出版发行　陕西新华出版传媒集团
　　　　　　陕西人民教育出版社
地　　址　西安市丈八五路 58 号
邮　　编　710077
印　　刷　陕西金和印务有限公司
成品尺寸　165 mm×240 mm
印　　张　16.75
字　　数　250 千字
版　　次　2019 年 12 月第 1 版
印　　次　2023 年 8 月第 5 次印刷
书　　号　ISBN 978-7-5450-6265-6
定　　价　49.00 元

序　阅读者的执念

樊登

樊登读书创始人

我和高宇认识好几年，他在西安讲历史、写书，我在全国做樊登读书、讲书，两个人也算“书”途同归。不久前，小伙子给我发微信，想让我给他的第二本书《长安处处有故事·成语典故》写序。作为西安人，我当然很爽快地答应了。

这是一本非常通俗地讲西安城的大众读物，大可不必当作考证的历史书来看。全书讲了120个发生在西安的成语、典故故事，文字精简，非常适合小朋友阅读，加上高宇和我一样出身于媒体，所以每个故事都录了音频，睡前听着音频，伴着图书入眠，也算是一件开心的事情。

我从小居住在西安，也向往长安历史，所以很想知道周、秦、汉、唐出现过哪些有趣的灵魂，哪些惊天动地的变革，哪些感人肺腑的爱情。读完这本书，我们能知道：原来中国情人节“七夕”起源于长安；原来周公本人并不会解梦；原来姜子牙是一个好的CEO，但在处理家庭矛盾的时候束手无策；原来诗人王维的“红豆生南国”是写给哥们儿的。这些有趣的历史背后，是年轻一代对历史的传承。高宇是个有执念的人，常常研究一段历史达到忘我的境界，正所谓：每有会意，便欣然忘食。但他和我一样，看书虽然忘食，但身材依然微胖。很多人不明白我们为什么要费力地引导大家读书，还有那么多作者含辛茹苦去写书，其原因就是读书只是人生改变的开始，读过了书，你会发现可以学习的东西太多了，我们用书撕开了一个又一个领域的口子。

西安的历史就是半部中华史，三千年建都史并不仅仅是单方向的进步，每个朝代都有每个朝代的个性和文化。我们的民族也一步一步从亚洲的中国走向世界的中国。当你沿着这条清晰的脉络看到今日强大统一的中国时，难免发出深深的感慨。要在一本书里看完中国历史是很难的，但要讲清历史的层次和脉络还是可以做到的。

秦始皇统一六国的时候，西方的罗马帝国也统一了欧洲。我一直很好奇，为什么中国没有变成欧洲那样一个一个的小国家，非常重要的一个原因，是因为中国使用的是象形文字，象形文字记录历史，历史又是文明的延续，中国各地域发音不一样，但文字都是一样的，这很了不起。有了文化的认同感，写出来的书、文章、法令每个时代都能够接受。这种文化使得中国不管是处于魏晋南北朝的分裂时期，还是五代十国的动乱时期，依然渴望大一统！这一点，中国具有足够的文化自信，才会让高宇这样的作者，站在中国历史这个巨人的肩上，娓娓道来。

我很庆幸，在这样一个互联网时代，还能有很多人愿意选择阅读。过去五年，我一共讲了235本书，樊登读书的 APP 用户也超过了二千万，一批又一批的阅读爱好者加入其中，而我也希望，一个又一个像高宇这样80、90甚至00后的作家登上舞台，为读者输出更多精彩的内容。

历史唯一不变的事实，就是一切都会改变，一切都在进步，要想获得进步乃至人生幸福，读书比什么都管用！

最后，预祝《长安处处有故事 · 成语典故》图书大卖。与书为伴，不会孤单！

目录

奇人

变革

品德

谋略

学习

情感

声音记录历史，历史温暖城市。

長樂門

奇人

The Chang'an story

覆水难收

三千年前的离婚案

商朝末年，有一个人叫姜子牙，年轻时曾做过屠夫、开过酒馆，业余时间，他刻苦学习天文地理知识、治国安邦的策略，希望有一天能够大展宏图，但一直到70岁，仍默默无闻。

在朋友的介绍下，他和大龄剩女马氏结为夫妇。婚后马氏操持家务，姜子牙外出赚钱。但姜子牙对于赚钱养家这个事并不擅长，他跑到磻溪（今陕西宝鸡东南40千米）河边钓鱼，而且还用没有鱼饵的直钩钓，这就根本钓不到鱼。长此以往，家里揭不开锅，马氏觉得姜子牙不务正业，要解除婚姻关系，姜子牙好言相劝，说自己将来一定会名满天下。七十岁还谈未来，马氏认为极不靠谱，便坚持离开。

当时的宝鸡是西岐的国都。西伯侯姬昌眼见商朝纣王疏远贤臣，宠爱妲己，便开始发展农业，招兵买马，伺机而动。不料有人告密（详见图书《长安处处有故事·西安地理》“祝村”），纣王就囚禁了西伯侯七年。

回来之后，西伯侯到处挖掘顶级人才。一天夜里，他梦到一只生有双翅的动物飞进自己的怀中，从梦中惊醒，方知梦到的是传说中的“飞熊”。几日后，西伯侯在渭水河边遇见了直钩垂钓的姜子牙，两人纵览天下大事，相谈甚欢，询问之下，才知姜子牙道号“飞熊”，和梦中之事相应。西伯侯邀请姜子牙出山，姜子牙帮助他灭掉崇国，建立丰京（今陕西西安沣东新城），后又辅佐姬昌的儿子周武王伐纣灭商，获得胜利。姜子牙在灭商战争中功劳卓著，被分封到齐地营丘（今山东淄博北）建立齐国。“封神榜”的故事，便以此为原型。

姜子牙用直钩钓鱼的故事记录于晋苻朗的作品《苻子 · 方外》中，“姜太公钓鱼，愿者上钩”今多比喻心甘情愿地落入别人的谋划。周文王梦飞熊而遇太公的传说，记录于《史记 · 齐太公世家》中。“飞熊入梦”谓帝王得贤臣的征兆。

眼看姜太公功成名就，前妻马氏十分后悔，便去找姜子牙，想再续前缘。姜子牙面对前妻的纠缠，拿起水盆，将水倒在地上，问马氏：“覆水能收吗？”意思是倒在地上的水能收回来吗？马氏赶紧趴在地上取水，但是无论如何都不能收起来。姜子牙看着马氏狼狈的样子，说道：“你已离我而去，就像覆水难收！”由此，“覆水难收”这个成语从这里流传了下来。

周公解梦

孔子的偶像是谁

周公姓姬名旦，是周文王的第四子，因其采邑（古代国君封赐给卿大夫作为世禄的田邑）在周，爵为上公，故称周公。周公曾辅佐周武王伐纣，周武王死后，年幼的周成王继位，周公和召公二人以“陕”（今河南三门峡陕州区）为界，把西周分为东西两块，周公管理“陕”之东，召公管理“陕”之西，“陕西”一词由此得名。

当时国家大事都是周公和召公决断，诸侯国国君管叔、蔡叔认为周公掌管大权，极有可能会篡夺王位，商纣王之子武庚也从中挑唆，周成王开始疏远周公。

周公一片丹心，却遭到猜忌，很是心痛，便写了一首《鸱鸮》（chī xiāo）的诗。鸱鸮是一种类似于猫头鹰的动物，属夜行猛禽。诗中写道：“鸱鸮鸱鸮，既取我子，无毁我室。恩斯勤斯，鬻（yù）子之闵斯。迨（dài）天之未阴雨，彻彼桑土，绸缪牖（yǒu）户。”成语“未雨绸缪”由此得来。诗中周公把自己比喻成鸟儿，鸱鸮把自己的孩子抓走了，为了防止鸱鸮再来袭击，趁着天还没有下雨，要把鸟窝修好。此时，武庚和管叔等人已经准备起兵叛乱了。周公领兵从镐京（今陕西西安沣东新城）出发，很快就平定了叛乱，天下重新安定下来。周公完善了分封制和嫡长子继承方式，制定礼乐制度，对后世影响很大。

600年后，周公最忠实的“粉丝”孔子出现了。孔子梦想着能和周公一样，重新辅佐“明主”，再次实现“礼乐”之邦。据说孔子经常能梦见周公，向他请教问题。在《论语·述而》里，子曰：“甚矣吾衰也！久矣吾不复梦见周公！”意思是我衰老得很厉害了，好久没有梦见周公了。这句话反映了在春秋时期周朝礼仪文化的没落，也反映了孔子缅怀圣贤的心理。

后来孔子的名气越来越大，《论语》也成为历史上最畅销的图书之一，孔子的话也渐渐变了意思，由梦到周公发展成了周公能解梦。在敦煌出土的文献中，有一本残缺的《周公解梦书》，据考证这本书成书的时间大致为唐宋时期。到了近现代，民间把关于解梦的资料搜集在一起，合成《周公解梦大全》。很多人起床后都会查自己的梦，来分析吉祥或是倒霉。其实三千年前的周公也很无奈，他只想说一句：各位，我真的不会解梦！

千变万化

自驾鼻祖周穆王

西周穆王是一位颇为传奇的君主，传说有三大神奇之处：一是活了105岁，作为君主前无古人、后无来者；二是他的故事和神仙密不可分；三是周穆王酷爱自驾旅行。

《穆天子传》记载，周穆王在位时，西北的少数民族经常侵扰，周穆王两次发兵攻打西戎各部落，不仅解除了西北的危机，也打通了通往西域的道路。

周穆王十三年，他率领大军开始了自驾旅行，有人说他到了西亚，有人说他到了甘肃。重点是他和西王母约会了，据说西王母美艳动人，为天下之女神。为了这次见面，周穆王选了良辰吉日，送上奇珍异宝，连见面时的呼吸也反复练习。两人一见倾心，饮酒作乐。临走时，周穆王还给西王母许下了一个承诺，等把国家治理好了，三年之后，再和她相约。

这个故事真实性存疑，比这还离谱的是，有一次周穆王在西边巡游，遇到一位化人（有道术或者法术的人）。周穆王问他："你有什么本事？"化人回答："我能够上天入地，翻江倒海，随便移动山川城市，飞在空中也不会掉下去，千变万化，没有尽头。"周穆王对这位化人充满了好奇，把他带回镐京，王宫让他住，祭祀的食物让他吃，还组织了一个美少女天团，每天给他唱歌跳舞。可是这位化人觉得，周穆王的王宫居住条件太差，吃的东西也不合自己的胃口。周穆王又重新找了个地方，把国库的钱财全部拿出来，给他修建宫殿，宫殿修的比终南山还要高，又挑选天下好的物业和家政去侍奉他。这位化人看到周穆王诚意满满，勉强住了进去。某一天，他拉着周穆王的衣袖，腾云而上，在白云之上有一座宫殿，如仙境一般，在这里看到的、吃到的都是人间没有的东西。化人拉着周穆王在天上转了一圈，所到之处，没有太阳和月亮，周围一片纯白色，周穆王眼花缭乱，耳旁呼呼作响，请求化人放他回去。化人用手一推，周穆王回到人间。醒来后他惊奇地问左右缘由，手下人说："大王只是打了个小盹。"周穆王惊讶不已。

这个传说记录于《列子》这本书中，描写化人"千变万化，不可穷极"这句话被总结为成语。列子是道家代表人物之一，作者想借此事表达人生如梦，得失取舍都将成空，大可不必耿耿于怀，当寄情于山水，托趣渔樵，与秋月春风为伴，任光阴弹指而过。

冯唐易老

汉朝最有才的马车司机

汉文帝时期，有一位郎官（*皇帝的马车司机兼贴身侍卫*）叫作冯唐，因为他说话耿直，得罪了不少人，因此到头发花白也没有得到提拔。

郎官需要牵马车、搬东西，是个力气活，所以担任这个职位的基本都是年轻人。汉文帝在未央宫发现了冯唐，就惊奇地问："老人家一把年纪了，怎么还在做郎官呢？家是哪儿的啊？"冯唐回答："家在山西。"汉文帝说："我年轻时在山西做过诸侯王，那里有个很有名的将军叫李齐，老人家，你听过这个人吗？"冯唐回答："我老家在战国时期还有廉颇、李牧两位将军，比李齐厉害多了。"汉文帝说："是啊，可惜我手下没有这么厉害的将军对付匈奴。"冯唐冷笑着说："陛下即使有良将，恐怕也不会用！"汉文帝惊了，从来没人敢这样跟他说话，于是很生气地走了。

当时匈奴强盛，西汉前期的皇帝均选择隐忍。汉文帝时期，云中郡守魏尚与匈奴作战时，因错报杀敌人数，而被剥夺官职，服刑一年。前方与匈奴作战，一时没有好的统帅，汉文帝忧心忡忡，他想起了顶撞他的郎官冯唐，便召见问他："那天为何侮辱我？"冯唐请罪："山野之人不懂礼仪，还望恕罪。"汉文帝问他："你如何知道我不能用廉颇、李牧呢？”冯唐回答：“圣明的君主用将领，都懂得放权，因为战场上瞬息万变，如果凡事都要来回禀报，则贻误战机。我的祖父曾在李牧手下任职，李牧在边境统兵，把税收和战利品全部赏赐给部下，君主并不干预。李牧充分发挥军事才华，大败胡人，西面抗秦，南面支援韩、魏两国，赵国因此强大。后来新上任的赵王听信谗言，杀掉李牧，换掉廉颇，赵国被灭。现在又在重演历史，魏尚在云中做郡守，他犒赏士卒，多次打退匈奴，让匈奴不敢靠近边关，有功于社稷。陛下制定了很多烦琐的政策，士兵们又都出身底层，哪知道那么多律法，错报杀敌人数而损失大将，寒了将士们的心，如此看来，陛下即使有李牧和廉颇，也不会重用。”汉文帝认为冯唐说得在理，便让冯唐领命去赦免魏尚。

北宋文学家苏轼被贬时，十分羡慕魏尚能遇到明君，在《江城子·密州出猎》中这样写道：“持节云中，何日遣冯唐？”意思是什么时候皇帝会派人来赦免我，就像汉文帝派遣冯唐去赦免魏尚一样呢？

冯唐生活在西汉最强大的文景之治和武帝盛世之间，尽管如此，他一生也没有获得重用。冯唐在汉景帝时期担任过楚国的相国，但不久后被罢免。汉武帝继位后，招纳贤才，很多人推荐冯唐，但那时冯唐已经九十多岁了，无法再做官。唐代文学家王勃在《滕王阁序》中的一句“冯唐易老，李广难封。”道出了年华易逝，也道出了随着青春的逝去，人才最后也只会成为茶余饭后的谈资，成为英雄迟暮的悲情故事。

后来居上

抗旨上瘾的汲黯

汉武帝曾评价他的大臣汲黯为“社稷之臣”。“社稷之臣”就是古代身担国家重任的大臣。但是这位重臣却是一个从来不按套路出牌的人，他公然矫诏，对抗圣旨，经常犯上，让汉武帝头疼，但汉武帝仍然厚待汲黯，可见此人非同寻常。

汲黯在地方做官时天天躺在家里睡觉，工作态度极不认真，奇怪的是，他不仅把地方治理得井井有条，还得到汉武帝的垂青，召回长安做官。当时东越（今浙江东南部、福建北部一带）两个少数民族打起来了，汉武帝派汲黯去调解。汲黯走到半路就回来了，对汉武帝说：“我觉得这两个民族的性格本来就好斗，不值得跑一趟，就回来了。”汉武帝第一次听说还有凭感觉办差的人，明目张胆地违抗圣旨还振振有词。还有一次，河内郡（今河南焦作）失火，烧了一千多家，汉武帝又派汲黯去视察。汲黯真的去了，回来汇报：“失火这件事皇上不必担心，倒是我经过河南郡（今河南洛阳）时，发现老百姓饱受水旱灾害，甚至出现了父子相食的惨剧。我就自作主张，开仓放粮，赈济灾民。”汉武帝表扬了他随机应变，但内心还是不舒服，贬他去做县令。汲黯认为当县令是耻辱，干脆撂挑子不干，回老家去了，汉武帝不忍心，又把他叫回来做官。

汉武帝喜欢儒学，号召仁义治国，汲黯公然在朝堂上说：“皇上您其实内心欲望很多，表面上却要装着实行仁政，搞得自己像尧舜禹一样，这又是何苦呢？”汉武帝沉默了半天，拂袖而去。大家都说汲黯太过分了，汲黯义正词严地回答：“天子给我们发俸禄，我们如果一味地阿谀奉承，难道是要让君主误入歧途吗？”

汲黯指责丞相公孙弘是小人，阿谀奉承；对酷吏张汤，汲黯更是痛骂他滥用法律，不过就是个刀笔吏，没资格做公卿。以前这两个人都比汲黯官小，后来官职反而超过汲黯。汲黯愤愤不平，他对汉武帝抱怨说：“陛下用群臣，如积薪耳，后来者居上。”意思是皇上您用人就像堆柴火，后来的反而在上面了。成语“后来居上”由此得来。今天我们用“后来居上”比喻后起之秀超过前辈。

汲黯的故事记录于《史记·汲郑列传》，故事颇为传奇，他快意恩仇，豪情万丈，矫诏、抗旨、犯上，都是他的日常生活。他不被尘世禁锢，不与世俗合污，说他自命清高也罢，说他桀骜不驯也好，他活成了自己想要的样子，也活成了你我想要看到历史的样子。

短小精悍

武侠小说的起源

武侠小说为什么能让人痴迷？因为武侠小说不仅有跌宕起伏的情节，爱恨缠绵的纠葛，更重要的是塑造了“侠”这样顶天立地的人格。所以梁羽生说：“宁可无武，不可无侠。”金庸名著《神雕侠侣》第二十回中，对于“侠”有明确的定义，郭靖对杨过说：“我辈练功学武，所为何事？行侠仗义、济人困厄固然乃是本分，但这只是侠之小者……为国为民，侠之大者。”

侠文化源于司马迁所写的《史记·游侠列传》。游侠指的是相识满天下，为承诺赴汤蹈火，为百姓排忧解难的人。《游侠列传》中有一人叫作郭解（xiè），年轻的时候冒着危险为朋友报仇，杀人放火是家常便饭，甚至挖坟盗墓、私自铸造钱币。官府每次抓他，他都化险为夷。上了年纪后，郭解开始反省过失，与人为善，行侠仗义，帮助别人不求回报。

公元前127年，汉武帝修建茂陵邑（陵邑是县级行政单位，通过迁徙大量人口聚居在陵墓旁形成，是帝陵的重要组成部分），官方要求全国各地区的富人搬到茂陵邑去居住。当地的县官推荐了郭解，但是郭解家里十分贫穷，根本没钱从老家河南迁到茂陵，甚至连大将军卫青也替郭解说情。汉武帝说：“一个百姓竟然能让大将军出面说情，看来这个人影响力不小啊。”郭解被迁往茂陵，家乡的人纷纷出钱，资助他去关中。郭解的侄子对于县官的推荐很不满意，一气之下杀了县官，县官家里的人上书状告郭解。汉武帝下令彻查，郭解四处逃窜，所到之处，很多人都愿意收留他，但天网恢恢，郭解最后还是被捕押到长安。很多他年轻时期犯过的罪又被重新提起，御史大夫公孙弘说："郭解虽然是个平民，但肆意扰乱国家秩序，因为小事而杀人，甚至还有别人愿意帮他去行凶，这样的人不可留。”汉武帝于是杀掉了郭解。

司马迁对于侠客郭解十分欣赏，也同情他最后的遭遇，《史记》里描写郭解的身材并不高："解为人短小精悍！”成语"短小精悍”就出自这里，并沿用下来，表示一个人身材矮小，但精明强干，也形容文章或者语言简短有力！

或许郭解只想身背一柄轻剑，云游天下。一回头，仍然是那个青葱的少年，岁月长，身材短。白天尽舍银钱，夜里和衣而眠，打马经过，与红尘不牵连。而后，对于史书记录自己的那一篇浅浅的文字，视而不见。

昭君出塞

最凄美的使者

西汉元帝曾从各地挑选美女补充后宫，出生于秭归（今湖北宜昌兴山）的王昭君因长相出众而被选到长安。画工毛延寿负责将所有人的肖像呈给皇帝，王昭君因不愿行贿，而遭到毛延寿的陷害，将她画得十分平庸，且在面颊上点了一颗硕大的黑痣。王昭君自然落选，每日与青灯为伴，不知何时才有出头之日。

五年后，王昭君仍是待召的宫女。此时，西汉刚刚打败了北匈奴，南匈奴也已臣服，呼韩邪（yé）单于来朝，请求娶汉人女子为妻，永做大汉王朝的女婿。汉元帝让人通知待召的宫女，谁愿意远嫁匈奴，可让呼韩邪单于挑选。宫女到齐后，单于一眼看中一位女子，云鬓冉冉，眉若轻烟，肌肤如脂，美若天仙。汉元帝也大为惊讶，后宫之中居然有如此貌美之人，虽有些后悔，但金口一开，只能眼睁睁看着她被单于选走。临行之日，王昭君一身戎装，面向未央宫拜别汉元帝，怀抱琵琶一路远去。

从长安出了雁门关，黄尘滚滚，骏马嘶鸣，王昭君远离故土，心绪难平，就在马上弹起琵琶，奏起悲壮的离别之曲，连大雁听了都为之感动，忘记了拍打翅膀而掉落下来。“沉鱼落雁”中的“落雁”形容的就是王昭君。迎亲的队伍走了将近一年才到目的地，匈奴的帐篷中张灯结彩，20岁的王昭君与40岁的呼韩邪单于踏马前行，检阅着自己的臣民。

南方的秭归与北国的匈奴相距甚远，天高地阔，昭君思乡之情时时萦绕心间，好在呼韩邪单于并非莽夫，和王昭君十分恩爱，生下一子。岂料两年后，呼韩邪单于去世，王昭君给汉朝的皇帝上了一封奏章，请求回国。当时的汉成帝考虑到新单于登基，为了维持两国和平，拒绝了王昭君的请求。呼韩邪的长子雕陶莫皋继位，按照匈奴的习俗，他迎娶了王昭君，并杀害了王昭君的儿子。王昭君与丈夫的长子成亲，羞愧难当，但现实不由她选择。此后的11年，王昭君和雕陶莫皋生下两个女儿。公元前20年，雕陶莫皋也死了。这一次，《汉书》中没有记载王昭君是否请求回到大汉了。五年之后，王昭君在三十三岁的年纪香消玉殒，这个绝美女子的命运一波三折，曾大胆地选择了自己的命运，一嫁再嫁，十多年的大漠岁月，境遇远比常人的想象更加凄惨。

与王昭君形成对比的是，她的家人因为她而封侯加爵，享受荣华。不知他们是否想起，远在大漠一袭汉服的王昭君，用青丝、用华发映照寒沙。她或许有过惧怕，或许有过牵挂，红颜如玉终抵不过金戈铁马。如今长安城仍存留她的佳话，兴山县又盛开了那年的繁花，只是那个明眸皓齿，坐在马上弹着琵琶的女子已成诗画，逝于天涯……

扪虱而谈

最早的杀马特团体

魏晋南北朝是中国历史上较为混乱的时期，这个时代的士族才华横溢又桀骜不驯。男人剃掉自己的胡须，在身上涂抹浓重的香水，文人们嗜酒成性，炼丹吃药，体温比平常人高，皮肤比较敏感，而当时的纺织物粗糙，于是他们索性不穿衣服。魏晋上层人物都不爱洗澡，蓬头垢面，久而久之，身上会长虱子，两人交谈时，某一方从身上捉住一只虱子是很时髦的做法，甚至有些人还当众吃掉虱子，让人匪夷所思。

这里面具有代表性的人物就是王猛。王猛出生在一个贫苦家庭，年轻时，为了糊口，他卖过簸箕，但是王猛很爱学习，胸怀大志。公元354年，东晋大将桓温率军北伐，打进关中，驻军浐灞。王猛听说了此事，就随便穿了一件麻布衣服，到桓温的军营中求见，桓温请王猛谈一谈天下大势，王猛在大庭广众之下，一边滔滔不绝地讲述，一边解开衣服，从身上抓出很多虱子。桓温看到王猛这样，觉得这个人很有个性，就问他："我奉天子之命，率领仁义之师讨伐贼寇，但是关中的豪杰都不来我帐下效力，这是为什么呢？"王猛直截了当地回答："你来收复长安，如今近在咫尺，你却驻军灞上，迟迟不肯前进，关中的豪杰不知道你葫芦里卖的什么药，所以不敢来投奔！"王猛的话一针见血，就是桓温拥兵自重，不想消耗自己的实力。桓温觉得眼前这个人非同凡响，对王猛说了一句话：“江东没有人能比得上先生的才华啊！”桓温想请王猛出山辅佐自己，王猛觉得此人私心很重，即使去往东晋，自己也难有作为，就拒绝了。

王猛后来与前秦皇帝苻坚相遇，书写了一段千古闻名的君臣佳话，王猛出谋划策，十年之间稳定了前秦政权，统一了北方，被称作“功盖诸葛第一人”。苻坚欲挥师征服全国时，王猛却因病去世（葬于今陕西华阴），留下了不可攻打东晋的遗言。可惜苻坚并未听取他的建议，在淝水之战中惨败，迅速走向末路。

王猛的一生，从荒诞的“扪虱而谈”开始，到遗憾的出师未捷停止，一曲终了，繁华散尽，英雄已逝，只余一声空叹，还有那些远去的魏晋风骨。

千里送鹅毛

史上最机智的使者

古代藩属国或下级官员对宗主国皇帝呈献的礼品叫作进贡，主要是奇珍异宝、地方特产。当然各地方也有义务将人才推荐给中央，所以古代考试的地方叫作“贡院”。藩属国通过进贡的方式换来大国对它政治地位的承认，同时也是军事庇护、商业往来的重要措施。

进贡之路漫长而艰险，既要保证物品完好，又要防止沿途的盗匪劫掠，还要注意其他国家的态度，所以护送贡品的人往往战战兢兢，但仍有很多使者失手，最后难免受罚。历史上有没有丢失贡品最后安然无恙的使者呢？当然有！

唐太宗年间，回纥国和唐王朝关系不错，曾派使者缅伯高带上奇珍异宝去长安拜见大唐皇帝。在这些宝贝中，最有名的当属一只世上罕见的白天鹅。缅伯高一路上对白天鹅悉心照顾，亲自喂水喂食，生怕它有什么三长两短。当他走到湖北沔阳湖边的时候，白天鹅将脖子伸到笼子外边，张嘴不断喘气，缅伯高见此情形，赶快打开笼子，放出白天鹅透透气，让它在河边喝水。谁知喝完水的白天鹅拍拍翅膀，腾空而起，越飞越高，消失在天空中，只剩下几根雪白的鹅毛。缅伯高顿时慌了手脚，给皇帝进贡的宝贝因为自己的疏忽丢了，还去不去长安？如果就这样返回，国王很生气，后果不敢想。最后，缅伯高觉得来都来了，去长安碰碰运气吧。又经长途跋涉，终于到了长安城，唐太宗在太极宫亲自接见了他，缅伯高送上其他宝贝，最后拿出一根鹅毛，唐太宗不知缘由，缅伯高赋诗一首："天鹅贡唐朝，山重路更遥。沔阳湖失宝，倒地哭号啕。上奉唐天子，请罪缅伯高，物轻人义重，千里送鹅毛！"并向皇帝解释白天鹅丢失的情况。唐太宗很大气地说："大唐疆域辽阔，珍禽猛兽很多，回纥国进贡天鹅，是人心所向，虽然只剩鹅毛，一样非常珍贵！"

南宋年间罗泌（bì）将"千里送鹅毛"的故事记录在《路史》这本书里，这个成语后来被广泛运用。其实愈是笃深的情谊，愈是要淡泊处之。情谊的至深，归属于魂体，非物质能替代，恰如一片鹅毛，虽平淡无奇，但时光荏苒，洁白永不褪色。

模棱两可

中庸思想的极致

中国古代讲究中庸之道，是指不偏不倚、折中调和的处世态度。鲁迅先生则认为这是一种不讲原则的处世方式，他说："中国人的中庸具有劣根性思想，你要说凿一扇窗户，他们是万万不同意的，但倘若你说把房子拆了，他们就会急忙来调和折中，同意凿窗户了。"

历史上有很多秉承中庸思想的人物，唐朝宰相苏味道便是其中之一。苏味道少年时便被称作才子，他规范了五言诗，为五言格律做出了巨大的贡献。唐高宗年间，苏味道到长安城参加科举考试，中了进士，先在咸阳做了小官，后来参与朝廷征伐突厥的战争，因为文采出众，所以小有名气。武则天当政时期，将苏味道调到长安，在中书省工作，后官运亨通，一直做到宰相。

当时，武则天任用酷吏，对官员要求严格，朝廷上下风声鹤唳，人人自危。身居高位的苏味道对于形势当然看得很清楚，因而处理事情非常圆滑，他常常对其他人说："处事不欲决断明白，若有错误，必贻（yí）咎（jiù）谴，但模棱（léng）以持两端可矣。"意思是处理事情，不要决断得太清楚、太明白，要是这样处理错了，必会遭到追究和指责。只要模棱两可，哪边都抓不着小辫子就差不多了。成语“模棱两可”由此得来。当时有部下向他请示：“现在有很多急事，大人您看怎么办？”苏味道半天也不说话，只是用手摸椅子的棱角，椅子方形的角都被摸成圆形了，还是不做决断。时间一长，人们根据他这种为人处世的特点，给他取了一个绰号，叫“苏模棱”。苏味道做宰相前后长达数年，并没做出什么突出成绩来，因此在历史上也没有太大的名气。他的圆滑也表现在家中，苏味道的弟弟苏味玄求哥哥办事，苏味道一拖再拖，苏味玄拉住哥哥就大骂，苏味道只是笑笑，并不和他争论。

武则天退位后，受张易之兄弟牵连，苏味道被贬到四川眉州，并在此地安家，此后到了第十代，苏家出了一个了不起的人物叫作苏洵，就是我们熟知的唐宋八大家之一。苏洵又生下了两个伟大的儿子，一个是苏轼，一个是苏辙，一门父子三文豪，后人望尘莫及。

其实，我们研读一下历史，或许能发现，苏味道只是明哲保身，因为武则天任用酷吏，酷吏们在朝中杀戮成灾，当时前后有宰相163人，其中一半以上都不能善终，在这样高压的环境下，苏味道的处事方式就很好解释了。他这一生其实走进了武周仕途这一座迷宫，徘徊良久，不知出口何处，也不愿、不能、不可以就此返程。

终南捷径

古代高级的个人营销

隋唐开始正式实行科举考试，贵族的仕途垄断逐渐被打破，老百姓的孩子通过科举也能获得一官半职，从而，一部分人开始埋头苦读，当然还有一部分人通过各种渠道营销自己，以求得皇帝的赏识。

唐长安城有一个著名的文学青年卢藏用，他通晓琴棋书画，所以很容易考中了进士。按照唐朝的制度，考中进士后，需要在吏部进行一次面试，才能确定新科进士派到何地去工作。卢藏用面试后，却没有了下文，愤怒的卢藏用去往终南山隐居，跟着道士修身养性。他表面上清心寡欲，实则对权力富贵念念不忘。因为统治者认为，凡是道德高尚或者有真才实学的人，都会隐居。卢藏用面对各类名山大川都不选择，偏偏待在终南山，是因为这里离长安城非常近，皇帝要访贤，首选长安周边。后来唐高宗和武则天去了洛阳处理朝政，卢藏用就跟着到河南嵩山隐居。当时的很多人都对这种做法嗤之以鼻，给他取了个“随驾隐士”的外号。随着人们对他议论纷纷，武则天也听说了他的故事，把他请出山，赏赐了个八品的左拾遗，专门监督皇帝，对皇帝的过失提出异议。官的品级虽然低，但却可以在皇帝身边工作，很容易得到提拔，不出所料，几年后，卢藏用升为吏部侍郎。

《新唐书·卢藏用传》记载，卢藏用的好朋友司马承祯来长安，两人聊天时，司马承祯透露出对世俗的厌倦，想隐居山林，卢藏用一听，就和他分享自己的经验，即隐居不要离长安太远，终南山就是不错的选择。司马承祯明白他的意思，义正词严地说：“你说的终南山隐居，不过是那里有一条通往官场的捷径罢了。”司马承祯直接把话题终结了，卢藏用满脸羞愧。成语“终南捷径”由此得来，比喻达到目的的便捷途径。因为靠着捷径做官，所以卢藏用很难做一个清官，他经常帮别人谋取官职，同时依附太平公主。唐玄宗继位后，发动政变，太平公主倒台，而卢藏用也受到牵连，被发配到广东。

人生的际遇有时候变幻莫测，从金榜题名到无人问津，从隐居终南到随驾奔波，从官运亨通到发配远方，卢藏用的一生，起起伏伏，悲喜交加。世界上没有什么比随波逐流更容易，但也没有什么比随波逐流更困难。一旦选择了从众，你就得忍受灵魂的挣扎，要靠麻醉自己来度过余生。终南捷径，不过是一场虚假的功名。

金龟换酒

历史上关于乌龟的崇拜

乌龟，这种动物在宋朝以前是作为神灵出现的，打仗要先用乌龟来算一卦；祭祀时，盛酒用的杯子也要做成乌龟的样子；最早的文字是刻在龟壳上的。西安城大明宫有一处玄武门，传说“玄武”是上古灵兽，样子是乌龟和蛇的组合体，乌龟长寿，蛇蜕皮后能重生，寓意江山永驻。古时全国有二十多座山叫作龟山；汉文帝的爱剑也取名为“神龟”；北魏孝明帝用“神龟”作为年号。可见我们的文化对乌龟的崇拜由来已久。

唐代时，很多父母给孩子取名字会加一个龟字，象征着长寿安康，大唐第一音乐家“李龟年”的名字便是如此。唐朝调兵遣将的信物叫作龟符。武则天时期，三品以上的官员要用黄金打造一只乌龟佩戴在身上，作为身份的象征，所以后来在整个长安城里，谁家的女儿要是嫁给了佩戴有金龟的老公，那么她老公一定身份地位非常高，叫作“钓得金龟婿”。

元朝时，为了打击中原文化，蒙古人把乌龟变成了骂人的话。明朝建立后，恢复了一些乌龟的文化，但在民间已经很难扭转乌龟所背负的恶名，只有一些与“龟”相关联的历史故事留在史料中，其中以“金龟换酒”最为有名。

唐玄宗天宝年间，诗人李白正穿梭在西市的繁华中，只见对面过来一穿官袍的老人，鹤发童颜，边走边点头，二人擦肩而过的时候，李白忽然听到老先生自言自语在吟诗：“细叶不知谁裁出，二月春风似剪刀。”李白不由拍手叫道：“好诗，好诗呀。”这位老先生正是朝廷高官、著名诗人贺知章。两人一见如故，在西市里找了个酒馆就开始畅谈。酒桌上，贺知章见到李白写的《蜀道难》，不由十分激动，将酒壶递到嘴边，一饮而尽，随即扔出窗外，拍案大叫：“这不是人写的。”旁边人瞪大眼睛看着他，以为老人家犯了什么病症。贺知章却旁若无人，继续读下去，最后竟然向李白连连鞠躬说：“先生绝不是凡人，肯定是天上的神仙下凡！”从此李白被称为“谪仙人”。

两人喝得酩酊大醉，最后结账的时候，贺知章忘了带钱，但是喝酒的兴致不能坏了，贺知章随即把官服上一个金灿灿的金龟解下来给了店家，也不等店家找钱，扬长而去，二人当夜在贺府秉烛夜谈。这就是“金龟换酒”的故事。

公元744年，贺知章告老还乡。一年后贺知章去世，李白得知消息，一边饮酒，一边怀念故人，金龟换酒的往事历历在目，他含泪写下了《对酒忆贺监二首》：“四明有狂客，风流贺季真。长安一相见，呼我谪仙人。昔好杯中物，今为松下尘。金龟换酒处，却忆泪沾巾。”

玉树临风

谁是史上最帅的饮酒者

相传"酒"是夏代杜康发明的，这项伟大的发明飞入寻常百姓家后，让婚丧嫁娶、喜怒哀乐都有酒相伴。喝酒时，酒精在觥筹交错中直击肝部，其畅饮之欢，伤亡之大，场面之狼藉，话题之宏大，结果之惨烈，不亚于一场战争。

杜甫写过一首《饮中八仙歌》，介绍了唐玄宗年间长安城八位最能喝酒的人，原诗如下：

知章骑马似乘船，眼花落井水底眠。
汝阳三斗始朝天，道逢麴（qū）车口流涎，恨不移封向酒泉。
左相日兴费万钱，饮如长鲸吸百川，衔杯乐（lè）圣称避贤。
宗之潇洒美少年，举觞（shāng）白眼望青天，
皎（jiǎo）如玉树临风前。
苏晋长斋绣佛前，醉中往往爱逃禅。
李白斗酒诗百篇，长安市上酒家眠，
天子呼来不上船，自称臣是酒中仙。
张旭三杯草圣传（chuǎn），脱帽露顶王公前，
挥毫落纸如云烟。
焦遂（suì）五斗方卓然，高谈雄辩惊四筵。

《饮中八仙歌》第一个出场的是贺知章，贺知章喝醉以后，骑着马晃晃悠悠，掉进井里了居然还能睡着！典型的唐朝醉驾。第二位是唐玄宗的侄子李琎，他每次看到有马车拉着美酒经过，就条件反射地流口水，甚至还想把自己的家搬到美酒的生产地去居住。第三位左丞相李适之，因为受到李林甫的排挤，心情郁闷，所以每日花费万钱，喝酒就像鲸鱼能吸百川之水，以此来摆脱烦琐的政务。第四位崔宗之，少年英豪，喝完酒后，仰望苍天，目空一切，俊美之姿有如玉树临风。接下来出场的是苏晋，苏晋信仰佛教，所以平时斋戒，但是又爱好喝酒，在信仰和美酒之间非常矛盾，但结果往往是美酒战胜了佛祖。第六、七位分别是李白和张旭两位大人物出场，张旭喝完酒后挥毫泼墨，人称“草圣”。李白就更不得了，喝醉了就在西市醉卧，唐玄宗请李白去吟诗，李白自称是酒中仙，拒绝凡间皇帝的邀约。最后一个出场的是平民焦遂，酒后高谈阔论，语出惊人。

这八个人或豪放，或癫狂，或可爱，或性情。崔宗之的“皎如玉树临风前”和焦遂的“高谈雄辩惊四筵”被总结为两个成语“玉树临风”和“高谈雄辩”。

杜甫的这首《饮中八仙歌》对每个人物尽情夸张，使性格跃然纸上，读起来非常过瘾。他们有的用酒麻醉自己，有的用酒排解寂寞，有的只是单纯地喜欢饮酒。他们听风观雨，笑看红尘俗世，饮酒高歌，醉谈锦绣年华。

一见如故

唐朝最被低估的宰相

公元728年，长安城举办神童选拔大赛，一个叫员俶（chù）的9岁小孩过关斩将，获得冠军。唐玄宗把他叫到跟前，大加赞赏，问道："天下应该没有比你更聪明的孩子了吧！"员俶回答："我的表弟李泌（bì）今年才7岁，但才学比我更好。"唐玄宗立即让人把李泌接到兴庆宫，想一睹神童的真容。

李泌来到皇宫时，唐玄宗正和宰相张说（yuè）下围棋。张说想试试李泌的才华，以围棋为题："方若棋盘，圆若棋子，动若棋生，静若棋死。"李泌略加思索，对道："方若行义，圆若用智，动若骋材，静若得意。"在场所有人都感到诧异，这个孩子将来一定不简单。

李泌从小和唐玄宗的儿子们玩在一起，并建立了深厚的感情，安史之乱爆发后，唐肃宗李亨在灵武（今宁夏回族自治区下辖县级市）即位，立刻派人寻找李泌，把他当成重要的谋士。

李泌与郭子仪一文一武，平定了安史之乱。他改革国家的财政系统、官员体系，参与国家策略制定。唐肃宗问李泌："立下大功，想要什么赏赐？"李泌回答："臣喜欢山中修道，对功名利禄没有兴趣。”长安、洛阳收复后，李泌随即离开。唐代宗继位后，招李泌为翰林学士，遭到李辅国等人的妒忌。李泌在官场上几经波折，历经玄宗、肃宗、代宗、德宗四朝，从太子的老师做到宰相，最后封邺县侯，但他又审时度势、功成身退，四次归隐山林，五次离开长安。他的一生来去自如又轻松写意，运筹帷幄又波澜壮阔。因为李泌推崇道家学说，因此在奉行儒家理念的史书中，对李泌的故事和评价都不高。

李泌晚年提拔了很多人才，其中就包括顾况。顾况的诗写得很好，画画也是他的特长，考中进士后，很长一段时间在外地做官。有一次顾况到长安旅行，遇到了李泌，李泌虽然贵为宰相，但仍对顾况的才华赞不绝口，两人聊得很投机，一见如故！这个故事记录于北宋文学家张洎（jì）的《贾氏谭录》中，成语“一见如故”出自于此。后来顾况在李泌的引荐下，来到长安做官，本想着从此前程似锦，没想到两年后，李泌去世了，顾况也因为得罪了权贵被贬到外地，再也没有回到长安。

人说“天有不测，人多坎坷”，红尘世俗惊扰了闲云野鹤，李泌的一生出入君主之侧，已经无须史书的勾勒，也不用后人去描摹。他或在庙堂之上决策，或在深山之中放歌，抑或是做一个隐士归于田舍，都是他生命中的平仄，也是灵魂深处的清澈。

念奴娇

唐朝音乐人的真实状态

唐朝国力繁荣，文化艺术也相当灿烂，一大批艺人崭露头角，包括许和子、李龟年三兄弟，甚至连白居易的侍女樊素和小蛮，也精通乐律，所以才有了“樱桃樊素口，杨柳小蛮腰”的句子。而爱好音乐的唐朝皇帝不在少数，武则天写过《如意娘》的曲子，唐明皇更让《霓裳（cháng）羽衣曲》红遍大江南北，唐穆宗、唐德宗、唐懿宗亦属音乐达人。

音乐的成就不仅靠实力，还要靠天赋。唐朝有一人二者兼有，她的歌声余音绕梁，具有极高的辨识度和艺术成就，她就是念奴。唐玄宗天宝年间，当时天下安定，四方来朝。唐玄宗常常在皇宫里宴请文武大臣、各国使者，每次聚会的时间很长，刚开始大家还是谦谦君子，但是喝完酒后，丑态百出，口不择言，吵吵闹闹，场面十分混乱。唐玄宗自然有办法，让高力士去传唤邠王李承宁吹奏管笛，让一个叫念奴的女子唱歌。这个女孩容貌清秀，关键是有一副好嗓子，她一唱歌，歪坐的使节立刻转身，对骂的文武也都端坐，混乱的场面变得安静，大家都被她的声音吸引，唐玄宗更是沉醉其中。对音乐痴迷的唐玄宗无论打猎游玩，还是赴会聚餐，都喜欢把念奴带在身边。

后来安史之乱爆发，唐王朝由盛转衰，历经玄宗、肃宗、代宗三朝才平定，元气大伤的帝国再难重现当年歌舞升平的景象。这时往往会有一些诗人开始追忆过去，中唐诗人元稹在唐宪宗年间，来到了连昌宫（今河南宜阳，皇帝行宫之一），一位老人向他讲述了当年宫廷中人来人往的情景，那时灯火通明，杨贵妃倚栏而立，唐玄宗登高远眺，歌女念奴被老人重点描述，婀娜多姿的倩影、如泣如诉的歌声，让他毕生难忘。如今的连昌宫长满了宫竹，无人打理，冰冷的砖头伴着斑驳的宫墙，墙头的花瓣纷纷吹落，无人裁剪的树木高低不齐。动人的歌声以及唱歌听歌的人已尘封在历史之中。元稹提笔写了一首《连昌宫词》，其中有两句为：力士传呼觅念奴，念奴潜伴诸郎宿。

到了宋朝，人们取“念奴”二字作为词牌名，用“念奴娇”来赞美她的歌声。豪放派代表辛弃疾、婉约派词人李清照、书法家黄庭坚都曾经用过“念奴娇”这个词牌写词，最有名的是苏轼的《念奴娇·赤壁怀古》：“大江东去，浪淘尽，千古风流人物。”其实大浪淘尽的又何止是王侯将相、风流人物，还包括目睹大唐落魄的老人，后世吟唱的才子，还有那余音绕梁的年轻歌女。

沧海桑田

源自神仙的一句感叹

东晋葛洪曾写过一本《神仙传》，书中主要讲的是神奇缥缈的传说故事。

其中有一段讲到，汉桓帝时期，有一位神仙叫作王方平，约了一个叫麻姑的神仙喝酒。王方平在一群随从和鼓手的簇拥下，乘坐五条龙拉的车，先一步来到约定的地方。等了半天，麻姑迟迟没有现身，王方平叫随从去催一下，随从回来说："麻姑说她已经五百年没有见到您了，现在她正在蓬莱仙岛，请先生稍等片刻。"王方平耐心等待，不一会，麻姑从空中缓缓而来，长发飘飘，衣着光鲜，年纪约莫十八九岁。

两人见面后，一边饮酒，一边聊天。麻姑说："自从修道成仙以后，我已经看见东海三次变成桑田，刚才在蓬莱，又看到海水减少，难道又要变成陆地了么？"王方平感慨地说："是啊，大海在下降，不久那里又将尘土漫天了。"酒宴完毕后，两人双双腾空而起，消失在天际。"沧海桑田"这个成语由此得来，这里的"桑田"指的是种桑树的地，亦可解释为农田。

时间来到唐代，公元726年，储光羲得中进士，一直做一些低级别的官职，无处施展才华的他选择隐居终南山。当时已到天宝年间，安史之乱爆发，唐玄宗逃到四川，很多长安城的百姓和官员被叛军抓住，其中就包括储光羲。储光羲无奈之下，接受了叛军安禄山的官职。后来唐朝军队平定安史之乱，储光羲因为投降过叛军，被贬岭南，再也没有受到重用，郁郁而终。而且在唐代的史书上也找不到他的传记，他的故事散落在《唐才子传》、《监察御史储公集序》这些个人的著作里。

储光羲是山水田园派诗人，他的作品大多没有保存下来，留下来一首有名的《献八舅东归》，最后两句为：独往不可群，沧海成桑田。意思是一个人独来独往，逍遥于天地间，哪怕时过境迁，哪怕沧海桑田。

生活中，我们在感慨时、在伤感时、在回首时，常常会用到“沧海桑田”这个成语，你我赏过往昔的风景，经过生命的轮回，才明白，时光不过陌上花，开了一季终会败，来年再芳香，已非去年那枝。每个人都是过客，不同的只是逗留的时限，神仙眷侣也好，才子诗人也罢，终究抵不过远去的沧海桑田。

贵人多忘事

老乡见老乡，讹你没商量

唐朝中期，有一位不太有名的诗人叫作王泠然，曾考中进士，因为家境贫寒，又无人引荐，所以赋闲在家。此人伶牙俐齿，一门心思想着做官。他曾经给当朝宰相张说（yuè）写过一封自荐信，但是张说没搭理他。

他想起在朝中做御史的老乡高昌宇，又给高昌宇写了一封信，信是这样写的："当年你在宋城（今河南商丘）当县尉，就经常夸奖我的文章写得不错，后来你升官了，到长安去了，本以为能提拔我，没想到现在你眼光高了，不愿意再提起我这样的穷朋友了。有一年，我到长安考试，你恰好是主考，我满以为这下该录取了，没想到你还是让我落选。但是皇天不负有心人，我现在考中了进士！"王泠然在信中一顿奚落之后，话锋一转，提出两件事情请高昌宇帮忙，第一件事，自己还是单身，希望能帮忙解决婚姻问题；第二是想尽快有个一官半职。高昌宇在长安做官，天子脚下比较好实现这两件事。如果办成了这两件事，王泠然将感恩戴德。在书信的最后，王泠然依然盛气凌人，他说："傥也贵人多忘，国士难期，使仆一朝出其不意，与君并肩台阁，侧眼相视，公始悔而谢仆，仆安能有色于君乎？"意思是说：你如果不办这两件事，因为您贵人多忘事嘛，也没关系。我现在已经考中进士了，当个一官半职也是早晚的事。难保哪一天我与你高昌宇在同一个办公室碰面，你放心，我一定会给你一个大大的白眼。那时您再向我道歉，已经来不及了。

这个故事记录于《唐摭（zhí）言》这本书里的《与御史高昌宇书》中，有求于人依然这么蛮横，王泠然可谓是独树一帜。史书对他着墨不多，留下的作品也都不被人们所熟悉，只是王泠然写给高昌宇这封书信中“傥也贵人多忘”这一句转化为一个成语“贵人多忘事”，流传至今。

“贵人多忘事”不是奉承人的话，而是对人情世态的一种概括。其实，“贵人”若有贫贱的朋友登门，说明此贵人亦贫贱过，他在通往梦想的道路上，蹒跚而行，若不能记住当初的苦难，必做不出后来的成就。所以像王伶然这样与其感慨，倒不如思考一下别人为何成功，自己出路在何处，又或者学学庄子，早早相忘于江湖。

人神共愤

神仙都觉得过分的人

唐朝中期，有一位秀才崔郊爱上了姑母家的婢女，姑母因为家道中落，被迫把婢女卖给了节度使于頔（dí），崔郊思恋不已，作诗一首以托情思。其中两句为：侯门一入深似海，从此萧郎是路人。于頔看到这首诗，派人请崔郊到府中作客，因欣赏他的才华，就让崔郊和这个婢女有情人终成眷属，还赠送了很多钱财。这事在当时传为佳话，于頔也因成人之美被人熟知。

于頔祖上世代为官，他早年在地方做官时，致力于改善百姓生活，造福一方。但是这个人又特别分裂，他不会体恤下属，性格很暴躁，大家都很害怕他。当时有人叛乱，他率军平定，主动要求唐德宗封赏，又诬陷邓州刺史元洪贪赃枉法，元洪被判流放，于頔却派人在半路截回了元洪，并上奏朝廷说元洪的刑罚太重，唐德宗又对元洪从轻发落。于頔就是这样一个挑战唐朝法律的人，后来于頔的骄横愈演愈烈，曾私自带兵打仗，皇帝都不知道。唐德宗还继续封他为仆射、燕国公。直到唐德宗故去，唐宪宗将女儿永昌公主下嫁给于頔之子于季友，于頔才有所收敛。

于頔死后，按照古代的惯例，要给他上一个谥号（谥号起源于西周，是皇帝、后妃、诸侯、大臣等具有一定地位的人死后，对他的盖棺定论）。唐宪宗根据他一生的功过给于頔定了一个“厉”的谥号，认为于頔虽然业务能力强，但工作上滥杀无辜，残暴不仁。到了唐穆宗年间，驸马于季友要为父亲翻案，他觉得父亲于頔征战一生，死后留下这么一个恶毒的谥号，无论如何都说不过去，就向唐穆宗哭诉，一定要更改一下，唐穆宗碍于姐姐和驸马的情面，重新给于頔改了个谥号叫作“思”，意思是同情于頔。这一下引起了朝中大臣的反对，太常博士王彦威跳出来评价于頔说：“这个人肆行暴虐，人神共愤，法令不容！”

这个故事记录于《旧唐书》中，王彦威评价于頔的话：“肆行暴虐，人神共愤”被后人总结为成语“人神共愤”，表示所有人都很愤怒，连神仙都觉得很过分。唐穆宗最终没有采纳王彦威的意见，仍然坚持用“思”这个谥号。叱咤风云的于頔最终能够瞑目，而关于他行为和性格的争议，一千多年后，已无人问津，归于尘土矣。

其貌不扬

因长相考试被扣分的皮日休

鲁迅先生曾说："晚唐的文坛是一塌糊涂的泥塘！"但这泥塘里也有光彩的人物，比如皮日休。皮日休从小沉迷诗歌，隐居山林，喜好喝酒，号称"醉吟先生"。他的作品大多讽刺黑暗现实，同情百姓，在当时也算是独树一帜。

晚唐时期，朝政腐败，民不聊生。32岁的皮日休仍然怀着梦想，到长安城参加科举考试，住在永崇坊（今陕西西安雁塔南路）。他性格耿直，不愿意奉承权贵，又没有人为其引荐，所以这次铩羽而归。回到老家襄阳竟陵（今湖北天门）后，皮日休整理自己的诗作，向朝中的官员投递。第二年，他再次来到长安考试，当时的主考官是礼部侍郎郑愚，之前已经收到过皮日休的作品，很是欣赏，觉得如此俊美的文字，一定出自于一个风流倜傥的才子。

考试还没发榜，郑愚就迫不及待地邀请皮日休面谈，等见到本人后，郑愚极为失望，皮日休左边眼角塌陷的严重，不走近看，以为他就长了一只眼睛。郑愚当面笑出了声，开玩笑地说道："想不到才高八斗的皮日休，只有一只眼睛，真是可惜。"皮日休感觉受到了侮辱，立刻回答："大人不要因为我一只眼睛不好，而使自己两只眼睛都不能明辨是非！"郑愚调侃皮日休的生理缺陷，而遭到皮日休的反击，两人不欢而散，皮日休试卷的成绩也被郑愚排到了最后，皮日休再一次与仕途擦肩而过。这个故事出自于《北梦琐言》这本书，原文是“礼部侍郎郑愚，以其貌不扬，戏之曰：'子之才学甚富，如一目何？”“其貌不扬”这个成语由此得出，今天我们还常常用这个成语来表示一个人长相“随意”，平平无奇。

皮日休后来只做过一些地方小官，当时的唐王朝已日薄西山，各地起义不断，看不到出路的皮日休索性加入了黄巢的叛军，反抗唐王朝。公元880年，也就是被郑愚羞辱十三年后，叛军攻陷长安，黄巢称帝，皮日休被任命为翰林学士，风光一时。但唐僖宗集结各路节度使反扑，黄巢的叛军很快被打败，一代才子皮日休也下落不明，消失在历史的长河中（*另一种说法是皮日休写诗调侃黄巢，被杀*）。

歇后语

唐朝的段子手宰相

人们常常把短小风趣，前面有谜面，后面有谜底的话叫作歇后语。这种文体早在先秦时期就已经出现，唐代正式得名为“歇后语”，源于一位叫郑綮（qìng）的诗人，与其说他是诗人，不如说他是个段子手。

郑綮在庐州（今安徽合肥）做刺史，当时唐朝末年，黄巢起义军横行天下，郑綮眼见城池不保，便以公文的方式修书一封，希望黄巢不要进犯庐州。公文中言辞风趣，插科打诨，黄巢看完后哈哈大笑，周围的城市全部攻占了，只留庐州秋毫无犯。郑綮在庐州做官，两袖清风，省吃俭用存下一千贯钱放在官府的仓库里，此后这座仓库遭到多名盗贼的光顾，郑大人的钱也纹丝未动。

郑綮很幽默，经常开玩笑，善于写诗，自创了“郑五歇后体”，就是写诗只写前半句，不把话说透，让人会心一笑。很多人把他的诗当作段子来讲，这些段子甚至传到皇宫中，当时的皇帝唐昭宗很喜欢他的诗，觉得嬉笑怒骂背后显示出这个人的才华，所以想请他做宰相。皇帝身边的宦官提前去给他庆祝，郑綮却哈哈大笑道：“难道天下没有人了么？哪里轮到我郑某人当宰相呢。”第二天，圣旨到，果然让他做宰相。郑綮说：“歇后郑五作宰相，时事可知矣！”

《北梦琐言》记载，郑綮做了宰相后，一改往日幽默的风格，勤勤恳恳地干了三个月。有人问他："郑大人最近咋不写诗了呢？我们都等着听段子呢！"郑綮回答："诗在灞桥风雪的驴背上，这里没有啦！"因为长安城东边的灞桥，自古就是送别的地方，很多有才华的文人会骑着驴在灞桥上送别友人，然后写一首诗。郑綮说这句话有两个意思，一是自己做了宰相，不能像以前那样在民间体验生活了；二是大唐王朝已经走向末路，即将告别历史。后来，他因身体的原因辞去了宰相的职务。其实，对于当时的唐王朝来说，消亡只是时间的问题，郑綮不甘心做亡国宰相。也正如他所料，郑綮死后八年，唐朝灭亡。

王朝灭亡，有人逃避，有人投敌，有人殉国，而郑綮，看似玩世不恭，实则想力挽狂澜，奈何这天下终不是一位宰相所能扭转，倾覆早已注定。唐王朝留下一连串熟悉的名字，有人被后世多次提起，而郑綮只是在说歇后语时被我们提起，在历史上注定只是成为浅浅的痕迹，浅如过客，刹那远去。

烤羊肉
得太麻酱凉
嘹咋咧胡辣汤
忒色牛羊
特

变革

The Chang'an story

烽火戏诸侯

《史记》中的虚构故事

公元前779年，周幽王攻打褒国（今陕西汉中以北），褒国实力不济，战败后献出美人褒姒以求保全国家。褒姒极为妖艳，周幽王带回镐京，立她为妃，一年后，褒姒生下儿子伯服。周幽王废掉原配申后和太子宜臼，册立褒姒为王后，立伯服为太子，传说还在今西安市双寨村修建“龟背梅花紫金城”作为行宫，与褒姒共享。

传说，褒姒虽一朝得宠，但冷若冰霜，从不肯露出笑颜，周幽王不惜悬赏千金，以博取美人一笑。虢石父提出“烽火戏诸侯”的方案，周幽王点燃烽火台，携褒姒登城观看，四方诸侯以为镐京告急，调兵遣将，连夜赶往关中，褒姒远眺，城下诸侯个个狼狈不堪，不由捧腹大笑。诸侯们得知上当，悻悻而归。此时，被废掉的申后向父亲申侯哭诉，申侯联合西北少数民族犬戎一起出兵，于公元前771年进攻镐京。腹背受敌的周幽王再一次点燃了烽火台，诸侯们以为周幽王又在玩闹，大多数选择按兵不动，犬戎军攻破镐京，杀死周幽王，西周灭亡。印证了一句话：秀恩爱，死得快。今陕西西安临潼区有一处烽火台遗址，据说是当年戏诸侯的见证。

以上故事记录于《史记 · 周本纪》，但是很可惜，这个故事是虚构的，后世很多学者提出质疑，原因有三：其一，西周实行严密的分封制度，函谷关以东的诸侯不可能随便进入镐京，即使进入，各国封地有远有近，到镐京的时间也分先后，像齐国、燕国最快也要半个月才能抵达，《史记》记载“诸侯悉至”显然不对；其二，烽火戏诸侯最早出自于《吕氏春秋 · 慎行论》，实际上是一则寓言故事，现今出土的战国竹简（清华简）中，没有烽火戏诸侯的记载；其三，中国最早的军事烽火台出现在西汉，至少西周没有烽火台传递军情这一功能。

真实的历史有可能是申侯通敌犬戎，周幽王举兵夺其封地，大战开始，幽王被杀，申侯不愿背上弑君之罪，便抹黑幽王为昏君，后人加入了“烽火戏诸侯”这个故事。

这段历史之后，“红颜祸水”这个词不胫而走，褒姒也成了男权社会下的罪人。其实周幽王打褒国夺褒姒，美人从此宫深似海，难求一笑；镐京城破佳人又被犬戎俘虏，此去生死未卜，青冢落寞，美丽何罪？陷于权力笔下，红颜祸水？唯愿下一生远离繁华，生于寻常百姓家。

作法自毙

没订上酒店的商鞅

公元前361年，魏国相国公叔痤（cuó）病重，魏惠王亲自探望，公叔痤向他推荐了卫鞅，希望让此人来治理魏国，魏惠王犹豫半天，公叔痤进言："如果大王不重用卫鞅，请杀掉他，不能让他离开魏国。"魏惠王没有听取他的建议。

此时秦国常被魏国欺凌，尚未强大，秦孝公寻求强国的方略，广发求贤令，卫鞅投奔秦国。公元前356年，25岁的秦孝公顶着巨大的压力，支持卫鞅进行变法。卫鞅为获得群众基础，先在城门外立一根三丈高的木头，告诉大家，谁能把此木头由南门搬到北门，赏十金。百姓将信将疑，卫鞅提高价码，赏五十金。重赏之下必有勇夫，有人真搬动木头至北门，卫鞅立即赏赐。这便是"立木为信"的故事（又叫"徙木为信"，"徙"就是迁移的意思。）因卫鞅封地在陕西商洛，后世又称他为"商鞅"。由此商鞅开始推行新法，实行严格的军功制，不论出身门第，一律按所立军功大小确定赏赐。秦国人人尚武，虎狼之师由此形成。另一项重要的措施是严格的户籍制度，百姓不能随意离开原籍，若要迁居或旅行，须开具"介绍信"，携带身份证明。

商鞅变法让底层的人民获得爵位，打破了贵族垄断的格局，获得百姓的支持，此时的商鞅毕生才华终得以施展，走上人生巅峰。但是变法触动了贵族的利益，秦惠文王上台后，有人诬告商鞅谋反，商鞅闻讯，赶紧逃走。当他赶到函谷关时，夜幕降临，城门守将呵斥："城门已关，商君有令，非公事不得出城。"商鞅想着先找一旅店住下，就去附近投宿，每个旅店老板都郑重地告诉他："根据商君的法律，住店须出示身份证件，否则旅店要连坐被判刑。"商鞅哪里敢出示证件，走出旅店，仰天长叹道："我这是作法自毙啊。"自己制定的法律，最后把自己害死了！

商鞅被迫偷偷回到自己的封地，发兵攻打郑县（今陕西渭南华州区），战败被杀，尸体被运回咸阳，在贵族面前被车裂。

如果你认为秦惠文王是个杀害贤臣的昏君，就错了，变法已经深入人心，商鞅只是秦惠文王给贵族的一个交代，而秦惠文王把商鞅的新法都延续下来了。

商鞅的故事记录于《史记·商君列传》，商鞅早年在魏国不受重用，却在秦国大展宏图，而后盛极而衰，在逃命的途中，与命运不期而至。"作法自毙"现在已经是个贬义词了，制度无常而变之，殊不知，人亦无常，命运轮回，不过是一场幻影。

图穷匕见

刺客时代的结束

公元前227年，秦国统一全国的战势已至易水，燕国告急。燕太子丹经人推荐，找到了一个叫荆轲的酒徒，他将一把天下最锋利的匕首抹上毒药交给荆轲，还有一位叫秦舞阳的犯人也被太子丹叫来，三人密谋一场惊天阴谋。

太子丹和秦王嬴政小时候一同在赵国做人质，后来嬴政回国继位秦王，太子丹却又被派到秦国做人质。本来两人同患难，应该是有真情的，但秦国强大，秦王根本没把太子丹放在眼里，统一六国的计划有条不紊地进行。太子丹眼看情况紧急，逃回燕国。当时的天下已经没人是秦国的对手，强攻不可，只能暗杀。太子丹磕头向荆轲恳求了三次，他才勉强答应。荆轲开始做准备工作，找到樊於期（wū jī）。樊於期是秦国将领，因为打了败仗不敢回国，秦王便杀掉了他的全家。樊於期逃到燕国，荆轲以报仇之名说服他自杀，然后提着人头和一张燕国的地图奔赴咸阳。荆轲的好友高渐离到易水河边为他送行，荆轲唱出了“风萧萧兮易水寒，壮士一去兮不复还！”的悲歌。

荆轲重金贿赂了秦王的近臣，秦王嬴政穿上礼服，接见荆轲，荆轲捧着装有樊於期首级的盒子，秦舞阳捧着地图，两人一前一后进殿，不料秦舞阳被恢宏的宫殿和秦王的威严所震慑，两腿瑟瑟发抖，荆轲对秦王谢罪说：“山野之人，没见过世面，希望大王宽恕。”秦王示意要看燕国地图，荆轲呈上，徐徐展开地图，待到尽头，匕首出现。荆轲左手去拉秦王的衣袖，右手提起匕首就刺，秦王使劲挣开，想抽出佩剑反击，无奈剑身太长，只好作罢，起身绕着柱子跑，荆轲紧追不舍。秦国法律规定，大臣不得携带武器出入宫殿，因此大家只能目睹这起突发状况，医官用药箱投掷荆轲，其他人对着秦王喊：“大王将佩剑移到后背！”秦王照做，拔出了剑，砍到荆轲的左腿，荆轲倒下，把匕首扔向秦王，秦王躲开。荆轲知道行动已没有成功的可能，倚柱而骂，被上前的侍卫杀死。荆轲刺秦宣告失败，留下“图穷匕见（xiàn）”的成语。

秦王嬴政经此险情，在宫殿外设置了一道“磁石门”。所谓“磁石门”就是门上装有磁铁，文武百官、外国使者进入皇宫，凡身上藏着兵器的都会被发现。今西安市未央区的双吕村就是当年这道磁石门所在地。

或许荆轲并不是一位好剑客，他多次出手，无一命中秦王；或许天意决定秦统一六国，外力无可撼动。荆轲一介酒徒换一世孤傲，半尺短剑令嬴政胆寒。我们听风过燕赵的荒凉古荡，日洒易水河的战国沙场，所有的故事遗落在咸阳宫旁，在壮士不复还的歌声中流浪，化成三尺青锋剑，化成一身孤胆衣，既不畏死，亦不求生。

偏袒

光着膀子搞政变

公元前195年，62岁的汉高祖刘邦驾崩于长乐宫，长子刘盈继位，太后吕雉独掌大权。吕雉早年下嫁刘邦，过着颠沛流离的生活，在南征北战中多次遇险，历经磨难后才有太平天下，她也因此变得心狠手辣。

吕后先将矛头指向情敌们，将刘邦生前宠幸的妃子囚禁起来，刘邦最宠爱的戚夫人被砍去手脚，挖掉双目，熏聋耳朵，割掉舌头，抛到厕所之中，称为“人彘”（zhì）（“彘”解释为“猪”）。随后又杀掉刘邦的第三子刘如意、第五子刘恢、第六子刘友，多位刘姓诸侯王遭到杀戮和贬谪。吕后又大肆分封吕姓为王，封自己的外甥、侄子等家族十几人为王为侯，刘氏江山岌岌可危。公元前180年，吕后病重，弥留之际，告诫吕氏子孙，牢牢掌握军队。

吕后死后，汉朝的元老周勃、陈平等人开始密谋夺回刘氏政权。此时，齐王刘襄正带领军队杀向长安，吕氏家族派出大将灌婴率军迎战，不曾想，灌婴早年跟随刘邦打天下，属于开国元老，内心是反对吕氏的，干脆与齐王的兵马合为一处，准备反戈一击。长安城里，太尉周勃打算先发制人，派郦寄去游说吕禄交出军权，郦寄和吕禄私交很好，从吕禄的自身问题说起：“自汉朝建国以来，天下只认可刘姓王，不认可吕姓王，你现在被封为赵王，就应该去封地，但你在朝中又担任大将军，大家都怀疑你别有所图，齐王和灌婴的军队就在长安城外，你如果交出兵权，他们就不会怀疑，你就稳稳做你的赵王。”吕禄对局势完全没有预估，他选择交出兵权。他姑姑闻讯，破口大骂：“吕家何以生出你们这群蠢货，尔等若是交出兵权，便会死无葬身之地。”当时掌管兵符的纪通在关键时节也倾向于周勃，让周勃假借皇帝的命令进入军队里，向军队宣布：“为吕氏右袒，为刘氏左袒。”意思是凡是拥护吕家的，就脱掉衣袖，露出右臂；凡是拥护刘家的，就露出左臂！“偏袒”的典故由此得出。在场所有人都露出左臂，此后，周勃率领军队杀进未央宫，将吕氏家族的人全部铲除。皇宫安定后，周勃与大臣们商议，废除了由吕后安排的汉少帝，拥立代王刘恒为帝，是为汉文帝。诸吕之乱宣告结束。

吕后刚毅果断，谋生谋情。她走过纷乱前尘，算过对错爱恨，生前布局深深，吕氏家族翻手为云，咬定乾坤，只可惜喧嚣如烟，死后繁华过尽，只留得史书恶名，把怜悯耗尽。究竟是她的欲望握不住人性，还是历史太斑驳遗忘了初心。

朝衣东市

一个引发七国叛乱的人

公元前154年，吴王刘濞（bì）联合楚王、赵王、济南王、淄川王、胶西王、胶东王等刘姓宗室诸侯王发动叛乱，史称“吴楚七国之乱”。汉景帝急忙召集大臣商量，满朝文武一致通过一项决议，杀晁错！晁错是谁？叛乱和他有什么关系，他为何让所有人愤怒？

汉朝的很多诸侯王独占一方，拥有钱粮、赋税、军队，时间一久，对于中央是很大的威胁。公元前155年，汉景帝的老师晁错提出削藩的国策，汉景帝默许。十几天后，吴楚等七国打着“清君侧”（清除君主身旁的奸臣）的名义起兵。晁错此时出了一个昏招，让汉景帝御驾亲征，而他自己留守长安。大臣袁盎、丞相陶青、中尉陈嘉、廷尉张欧等人联名上书，指出七国造反的祸根就是晁错，他还让皇帝到前线，居心叵测，应杀晁错阻断叛军。晁错自知难逃一劫，换上朝服，跟随行刑的人来到东市（今陕西西安六村堡东），以死以谢天下。典故“朝衣东市”由此得来。

晁错的死并未让叛军停下进攻的脚步，汉景帝深知叛军已经没有回头路，和太尉周亚夫商议，让汉景帝的弟弟梁王刘武抵挡叛军主力，周亚夫率军去截断对方的粮道。周亚夫从今西安城的浐灞出发，被一个叫赵涉的人拦了下来，赵涉说：“将军要去打仗了，赢了大汉可以保住，输了江山危急，你愿意听我说几句么？”周亚夫从战马上下来，恭恭敬敬地听他说。赵涉说：“你要出兵的消息已经不是秘密了，叛军沿途肯定多有埋伏，将军何不往西走，绕道去洛阳，打对手一个出其不意，诸侯闻之，以为将军从天而下也。”成语“从天而降”由此得来。周亚夫听从了赵涉的建议，并同时邀请他一同出征，用了三个月的时间就平定了这次诸侯叛乱。

吴楚七国之乱其实是早有预谋。汉文帝时期，晁错便上书削藩，文帝自知时机不到，按兵不动，让晁错辅佐景帝，表明让儿子实现撤藩的梦想。晁错只是文、景两位皇帝的棋子，需要时拿出来削藩，不需要时随时杀掉，以安人心。周亚夫三个月平定叛乱，能看出来汉景帝早已准备好，他是明君，但也是个政治家，吴楚七国之乱最后的结局是大的诸侯国或被剿灭，或元气大伤，汉景帝成为最大的赢家，为后来的汉武盛世铺平了道路。

晁错为削藩而死，后世对这种“公而忘私”的精神评价很高，但我们也要知道政治需要牺牲，当然，对于帝王来说，是别人的牺牲。最终决定政治动向的因素是利益，以及利益的平衡，晁错逃脱不了命运，或许在他和汉景帝的身上，没有命运，只有选择。

相见恨晚

改变汉朝国策的会议

汉朝齐国有一个人叫作主父偃，早年学习百家纵横之术，因为当时汉武帝已经推行罢黜百家、独尊儒术，所以纵横家在当时并不吃香，主父偃在燕国、赵国、中山国都吃了闭门羹，并且受到儒生的取笑。

公元前134年，主父偃来到长安，联系到大将军卫青。卫青与之交往之后，觉得他是个人才，就向汉武帝多次推荐，但汉武帝没有放在心上。日子一天天过去，主父偃在长安举步维艰，眼看生活难以继续，他直接给汉武帝上了一道奏章，洋洋洒洒，引经据典，很多思想让人耳目一新。汉武帝看完奏章，非常兴奋，当天晚上就要召见主父偃，同时才华出众的徐乐和严安也受到召见。几个人在一起座谈，主要针对两个问题，一是对匈作战，主父偃、徐乐、严安反对汉武帝频频对匈奴用兵，导致国库空虚，这一点和汉武帝的想法有出入，但汉武帝并没有因言废人。二是“大一统”思想，从汉高祖开始，分封了一批同姓诸侯王，诸侯王独立于汉王朝之外，有自己的领地、赋税、军队，时间久了，成为割据一方的势力，朝廷无法控制。诸侯王在汉景帝时期已经爆发过一次叛乱，汉武帝认为除了北方的匈奴外，最大的隐患就是诸侯王。主父偃等人提出，梁王出行，千乘万骑，和天子一样的排场，且梁王府库的钱财堪比国库。朝廷暂时不能撤藩，一撤诸侯就会造反，只能慢慢瓦解，瓦解的办法是实行“推恩令”，即诸侯王过世后，由嫡长子继承，但要将很大一部分土地分封给其他子嗣。如此一来，诸侯国越分越小，因为利益分配问题，诸侯之间也会爆发战争，皇帝兵不血刃解决问题，加强了中央集权。

《史记 · 平津侯主父列传》记载：“天子召见三人，谓曰：‘公等皆安在？何相见之晚也。’”汉武帝听了他们的建议很兴奋，说了一句话：你们为什么不早来呢，真是相见恨晚啊！成语“相见恨晚”由此得出。汉武帝立即把主父偃、徐乐 、严安这三个人拜为郎中（皇帝身边的低级别侍臣）。后来主父偃又连升四级，做到了中大夫（皇帝身边的中级别侍臣），得到武帝的破格任用。

主父偃早年贫困，靠着扎实的学识和见解一夜成名。在推进“推恩令”的时候，逼死齐王和赵王，诸侯震动，又先后得罪了不少朝中的官员。后来有人告发主父偃接受诸侯的贿赂，汉武帝下令彻查，很多人落井下石，为了平息其他诸侯的怨念，主父偃被杀。他功成于武帝，却也殒命于武帝，犹如一把利刃，伤人伤己，或许至死，主父偃也没参透帝王的心思……

冠军

西汉战神的故事

公元前123年，汉朝大将卫青在漠南（今蒙古高原大沙漠以南）取得对匈奴的大捷。此时，一位叫霍去病的十七岁少年崭露头角，他带着800人长途奔袭，歼敌两千人，俘获匈奴的相国，并杀死匈奴单于的祖父，勇冠全军，汉武帝封他为“冠军侯”。

两年后，汉武帝提升霍去病为骠骑将军，两次率兵出击河西（今河西走廊及湟水流域）地区的匈奴，歼敌四万余人，俘虏匈奴王五人及高级贵族120多人，匈奴浑邪（yé）王及部众悉数投降，大汉全部占领河西走廊。

公元前119年，22岁的霍去病和卫青各率骑兵5万分别出定襄和代郡，深入漠北，寻歼匈奴主力。霍去病率军北进两千多里，与匈奴左贤王部交战，歼敌七万多人，俘虏匈奴屯头王、韩王等3人及将军、相国、都尉等八十余人，乘胜追杀至狼居胥山（今蒙古国境内的肯特山，一说今河套西北狼山），在狼居胥山举行了祭天封礼。经此一战，匈奴远去。

“冠军侯”这个称号是霍去病一生最好的注释，魏晋南北朝和唐朝都沿用“冠军将军”这个职位。到现在，冠军这个词也从军队延续到体育或者竞技赛事中，而低于冠军的胜者叫作“亚军”，“亚”就是次一级的意思，如历史上的“亚父”“亚圣”；第三名叫作季军，是源于在古代春天分别叫作孟春、仲春和季春；旧时行军在最后的部队叫作殿军，现用来表示第四名。

霍去病一生六次出战匈奴，获得全胜，并非运气使然，而是有备而来。匈奴常游弋于大漠或者草原中，居无定所，要征服他们非常困难。汉武帝除了训练一支强悍的骑兵外，在用人上更是不拘一格，年轻的霍去病才有崭露头角的机会。霍去病善于长途奔袭，以捣毁匈奴根据地为原则，逐水草而攻击，不留后患。

辉煌的战绩却抵挡不住命运的捉弄，霍去病在24岁时因病去世，一代战神至此谢幕。汉武帝极为悲伤，让他陪葬茂陵，用铁甲军沿着长安一直到兴平为其送葬。霍去病的墓至今仍然矗立在茂陵旁边，墓前有石像“马踏匈奴”，墓形状修成了祁连山的样子，表彰他为国家立下的不朽功劳。

大漠荒烟，是冠军侯征战的天涯；疾驰的烈马，缠绵着漫天飞沙。是谁换来的盛世繁华？是谁打造的江山如画？是谁惊艳了历史却命如昙花？又是谁把他的名字记下，道出“匈奴未灭，何以为家？”

各得其所

汉武帝如何处理家事

汉景帝年间，馆陶长公主（*汉景帝的姐姐*）找到王娡（*汉景帝的美人*），商议两件大事，想把自己的女儿阿娇嫁给王娡的儿子刘彻，同时，把刘彻的妹妹隆虑公主嫁给馆陶长公主的二儿子陈蟜为妻。王娡和馆陶长公主结成政治联盟，帮助刘彻登上皇位，是为汉武帝。

隆虑公主嫁给陈蟜后，两人长时间没有子嗣，直到一把年纪时，才生下一子，封为昭平君。晚年得子，昭平君自然很受宠，锦衣玉食，生活奢靡。昭平君长大后，汉武帝将女儿嫁给他，他成了当朝皇帝的亲外甥兼女婿，荣耀至极。越是如此，他的生活越是放肆，平时为非作歹，是长安一霸。隆虑公主死的时候非常担心儿子，怕他惹出什么事端，就对汉武帝说："陛下，我把家产全部上缴，如果将来我儿子犯了死罪，这就当作赎罪的钱，请您一定要答应我。"汉武帝在妹妹弥留之际，答应了她的请求。

隆虑公主死后，昭平君没人管束，在长安城更是飞扬跋扈。有一次，他喝完酒后无故杀人，这件事在朝堂之上议论纷纷。按理说，杀人偿命，但是昭平君是皇帝的外甥兼女婿，汉武帝左右为难，说："妹妹临死前向我求过情，希望将来赦免昭平君的死罪，我答应了，现在我要杀了她的儿子，怎么对得起妹妹？”大臣们也说：“既然陛下答应了隆虑公主，那就赦免昭平君吧。”汉武帝沉默了一会说：“法律是给所有人制定的，现在我家人犯了罪，如果赦免，怎么对得起天下百姓呢？将昭平君判为死罪吧！”

大臣们谁都不敢言语，东方朔却站出来恭喜汉武帝说：“陛下不因为是自己的亲戚而网开一面，四海之内的百姓就会各得其所。”东方朔口中的“各得其所”指的是每个人都会从这件事中得到满足，知道汉武帝是位好皇帝。成语“各得其所”通过这个故事而流传开来，它最早出自《周易·系（xì）辞下》：“日中为市，致天下之民，聚天下之货。交易而退，各得其所。”意思是中午开设了市场，召集各地的民众来参与，聚集了很多的货物。交易之后，各自得到了想要的东西就离开了。

汉武帝尊崇的是外儒内法的思路，他用儒家来控制意识形态，用法家来治理国家，后来汉宣帝在教育儿子的时候直接挑明：“汉家自有制度，本以霸王道杂之！”所以，汉武帝的世界里，儒法两家，各得其所！

虽远必诛

史上最豪迈的一句话

西汉中期，匈奴分裂成呼韩邪（yé）单于和郅（zhì）支单于两支，相互厮杀，同时又都派使者和质子入汉王朝，争取汉朝的战略帮助。汉王朝接受了呼韩邪单于的归顺，派使者遣返郅支单于的质子，郅支单于却杀掉了汉朝的使者，汉朝一片震怒。

郅支单于的部队逃至康居（今中亚哈萨克斯坦一带），并拒绝归还汉朝使者的遗体。他们认为汉军不会劳师远征，且匈奴人以游牧为主，不怕机动作战。汉朝的西域都护副校尉陈汤向上司甘延寿进言："郅支单于勾结康居国，目的是吞并周边其他国家，一旦成气候，必为我大汉边防大患，不如我们带上手下人马和边境屯田的士兵，再联络几个小国，主动进攻，一战可定下千秋伟业！"甘延寿觉得应先奏明朝廷，再做定夺。

陈汤只能焦急等待，谁知此时甘延寿病倒了，由陈汤主持工作。陈汤调集边防的所有驻军，向西域各国发出作战邀请，甘延寿只得跟从。15个国家4万人马奔袭三千里，直取康居，与康居国王盟誓，只打匈奴，其余不问。郅支单于得知汉军到来，紧闭城门，甘延寿、陈汤下令总攻，顿时箭如雨下，很快城楼上的士兵全被射杀，郅支单于也身受重伤。破城在望时，出现了一万多康居骑兵，与匈奴人马里应外合。汉军并没有被突如其来的变故所吓到，而是愈战愈勇，一举攻破了城池，郅支单于的部队被冲散，身边仅剩百余人，陈汤的军队杀死郅支单于，斩杀匈奴王族一千五百多人，俘虏一千余人。

前后不到两天，甘延寿、陈汤的军队便立下赫赫战功，一时名震天下。他们在班师回朝的路上，给汉元帝上了一道奏折，原文如下：

臣闻天下之大义，当混于一，昔有唐、虞，今有强汉。匈奴呼韩邪单于已称北藩，唯郅支单于叛逆，未伏其辜，大夏之西，以为强汉不能臣也。郅支单于惨毒行于民，大恶逼于天，臣延寿、臣汤将义兵，行天诛，赖陛下神灵，阴阳并应，天气精明，陷阵克敌，斩郅支首及名王以下。宜悬头槁（gǎo）街蛮夷邸（dǐ）间，以示万里，明犯强汉者，虽远必诛。

这段话大意为：天下应该是大一统的，西域各国原本以为大汉，任由匈奴肆意妄为。今天，甘延寿、陈汤率领仁义之师，打败了敌人，把郅支单于的人头悬挂在边疆，用来震慑与我们强汉为敌的人。让他们明白，冒犯我强汉天威者，即使再远也一定要诛杀。

汉朝大将陈汤、甘延寿，一生有此一战，足以载入史册。和他一起名垂青史的还有那一句豪气干云的话：明犯强汉者，虽远必诛！这段故事被记录在《汉书·傅常郑甘陈段传》中，史官用一支笔，讲述了一个意气风发、开疆拓土的朝代，从朝堂到荒野，由君主到将领，一句胡尘漠北，汉塞边关，一面旌旗，落日满照长安。

大功告成

穿越鼻祖王莽

公元9年的长乐宫中，太后王政君手拿传国玉玺，怒斥下面的人：“你们的荣华富贵都是来自大汉朝的赏赐，不思报效，反而帮助王莽篡位，传国玉玺，你们休想得到！”说完王太后怒摔玉玺，失声痛哭。

西汉末年，权臣王莽毒死了汉平帝，拥立两岁的刘婴为皇帝，自己独揽朝政。为了实现皇帝梦想，王莽集中天下学者几千人为他著书立说，歌功颂德。同时下令10万多人为他写颂诗，花了20天时间才大功告成。成语“大功告成”就出自于《汉书 · 王莽传》。

王莽发布诏书，逼迫刘婴禅让皇位，并从王太后的手中抢过传国玉玺，改国号为“新”。他高举儒家王道理想的大旗，以《周礼》为理论依据推出了很多政策，后人认为他是一个“穿越者”。首先他让土地国有化，禁止私人买卖，地主和富豪都要无条件交出土地，没有土地的农民夫妻会分到一百亩田地，不足的由国家补偿。然后他废除奴隶制度，禁止买卖奴婢，实现人权保障。王莽还曾实行廉租房政策，长安城中投资建设五个里共200个廉租房住宅小区，供贫民居住。他强迫无业游民劳动，国家提供食宿。盐、铁、酒等行业全部收归国有，严格控制物价，禁止商人囤货炒作。矿产由国家统一管理，私人采矿需要办理许可证，缴纳税金。据说，当时王莽还资助别人发明了一种飞行器，并且还亲手解剖人体，最早的游标卡尺也在这个时候诞生。

王莽的改革后世说法不一，有人说他强调复古，逆时代潮流而为；还有人说他是“穿越鼻祖”，因为他所制定的国策超出了那个时代的条件。王莽的改革并没有实现天下大同，相反，贵族的利益遭受到极大的损害，而改革又需要贵族和官员去推进，反对者此起彼伏，政策无法落实。外交关系上，王莽仇视周边并存的政权，竟然把“高句（gōu）丽”改成“下句丽”，将“匈奴单于”改名为“降奴服于”。因为西汉留下的弊病太过严重，且王莽刚愎自用，政策朝令夕改，内忧外患的他无奈只能成为历史的过客。

公元23年，绿（lù）林军攻入长安，王莽死于乱军之中，新朝灭亡。此后，历朝历代以正统的观念将他定义为“篡位的奸臣”，到了近代，才有学者为其翻案。千年之后，王莽真实的形象已经消失无踪，伴着西汉王朝的古风，随着理想世界未尽的梦，变成一场空。不知王莽在死前会不会想起他第一次翻开《礼记》的那一刻，上面写着：大道之行也，天下为公！

玄武门之变

先发制人的经典案例

公元626年7月，唐高祖李渊收到秦王李世民的一份密奏，密奏上指明太子李建成、齐王李元吉淫乱后宫。李渊决定第二天召集大臣，并让李世民和李建成当面对质。

此时，秦王李世民暗中收买了长安城太极宫玄武门的守将常何，并率领尉迟敬德、长孙无忌、侯君集等人做好埋伏，高士廉去监狱释放囚犯，以增加秦王府的实力。第二天一早，李建成和李元吉骑马从玄武门经过，发现有马影闪动，凭借着多年征战的嗅觉，李建成意识到危险，立刻调转马头。此时，李世民出现。李元吉慌乱中回头连射三箭，都未能命中目标。李世民也张弓搭箭，一箭射死太子李建成，太子和齐王的随从立刻予以还击，李世民的坐骑中箭，失控闯入林中，他本人的腰带被树枝勾住，摔下马来。李元吉看准时机，飞奔过去，抢过弓欲勒死李世民，尉迟敬德大喝一声，拍马赶到，一箭射死李元吉。

等到东宫和齐王府的军队来救时，玄武门之变已成既定事实，尉迟敬德割下李建成、李元吉的首级，举到高处，东宫和齐王府的军队见两人已死，顿时没了斗志，作鸟兽散。

尉迟敬德全副武装，进入皇宫拜见唐高祖李渊。李渊看见尉迟敬德如此鲜血染衣，大惊道："发生了什么事？"尉迟敬德回答："太子、齐王作乱，秦王已带兵剿灭，秦王怕惊了圣驾，派我来保护陛下。"李渊的脑子飞速运转，尉迟敬德能带兵来到这里，说明禁军已经被秦王控制，保护皇帝只是个幌子，夺权势在必行。李渊问左右大臣："事已至此，如之奈何？"萧瑀和陈叔达何等聪明，连忙解围："李建成和李元吉嫉妒秦王立下战功，今秦王杀了他们，陛下当立秦王为太子！"李渊心领神会，下旨道："朕早就有此想法，立李世民为太子。"

尉迟敬德见大势已定，上前禀告："现在秦王府的军队正在攻打东宫，请陛下下诏，军队一律接受秦王的号令，这样就不会再有死伤了。"李渊当然知道这是移交兵权，但又无可奈何，只能拟下圣旨。李世民杀掉太子和齐王的子嗣，不久，唐高祖李渊退位，李世民登基，是为唐太宗。

今天西安城自强西路的纸坊村和铁运校中间，便是当年太极宫玄武门所在地。昔日刀光剑影的纷争，手足相残的博弈，如今只剩下遗址，置身其中，仿佛远去的政变不问归期，而既定的历史也不念朝夕。

济世安民

唐太宗是如何『篡改』历史的

公元598年，在陕西咸阳武功一栋府院内，有一位姓窦的女子生下了她的第二个儿子，这个孩子的父亲就是当时隋朝的国公李渊。孩子长到四岁的时候，他们家来了一位自称能看面相的书生，看了看李渊说："你是一个贵人，而且你还有贵子。"李渊就把自己的儿子拉出来，书生看了看四岁的小男孩说："这个孩子有龙凤一般的姿态，有帝王一样的气象，到二十岁的时候，必能济世安民。"李渊听了他的话，就按照"济世安民"给这个孩子取名为李世民。

这个故事记录于《旧唐书 · 太宗本纪》，后来的史学家认为，历代的统治者为了强化自己皇位的稳定，都会编造一些神奇的预言。其实当初李渊给儿子起名字，仅仅是对孩子的一种期望。李世民做了皇帝后，一生励精图治，开创"贞观之治"，但是玄武门之变中杀死兄弟的污点却成为他心中的刺，于是史书里字里行间均能看到修改的痕迹。

如果你研究《新唐书》和《旧唐书》，会认为唐高祖李渊是一个昏庸的皇帝，而李建成、李元吉则是纨绔子弟，当然历史是由胜利者书写，所以后世研究历史，会从多方面着手。《唐会要》记载，李世民曾说："朕之为心，异于前世帝王。欲自观国史，知前日之恶，为后来之戒，公可撰次以闻。”可见，唐太宗对史官的记录很不满意，要求自己翻阅和修改。

根据唐代温大雅所著的《大唐创业起居注》记载，从晋阳（今山西太原一带）起兵，到长安建都，李渊一直总揽全局，而且雄才大略，李世民和李建成也多次立下战功。李建成作为主帅攻取西河郡；李建成的部将雷永吉最先进入长安，都是不世之功。定都长安后，李建成作为太子，大多时间留下处理政务，军事上的功劳自然不及李世民。李渊为了确保太子李建成储君的位置，曾将秦王府李世民的部分心腹调离长安。因为皇帝的偏袒，李世民离储君的位置越来越远，秦王府一派的大臣长孙无忌、房玄龄等人劝李世民先发制人，才有了玄武门之变。

背负杀兄弑弟、威逼父亲的罪名，无论如何，李世民的内心是极为挣扎的，但又不得不改动历史，抹黑其他三人。千载历史，不堪回顾，恩怨情仇，怎能细数。玄武门下的箭雨，太极宫中的悲苦，都成了萧墙内的虚无，一字难书。

渭水之盟

此盟约为什么被后世追捧

公元626年8月，李世民登基，成为大唐第二位皇帝。得知唐朝内部发生变动，突厥的颉（jié）利可汗发兵二十万，攻取泾州（今甘肃泾川北），来到武功，随后唐军与突厥在高陵打了一仗，取得小胜，但也无法阻挡突厥的铁骑，颉利可汗主力抵达渭水河边。

由于突厥兵马速度极快，长安防守空虚，李世民遂率房玄龄、封德彝、萧瑀、高士廉等六人来到渭水河边。《旧唐书》和《资治通鉴》记载：李世民指责颉利可汗负约。不一会长安城的唐军到来，颉利可汗见唐军组织有素，心里害怕。两天之后，李世民和颉利可汗在渭水桥上斩白马为盟，签订和平协议，突厥兵马撤离。史书上一边倒地称赞李世民英勇，并作为唐朝外交史上一次重大的胜利而大书特书。

我们知道，所有的事件要经得起推敲。首先突厥到渭水的目的是什么？有人说是灭唐，灭唐为何不攻打长安？为什么一场大的战役都没有？显然，颉利可汗不是真打，那么目的就很明显了，即借着新皇帝刚上台，根基未稳，勒索一把。尽管史书极力刻画李世民的胆识，但站在李世民的角度，带几个人见颉利可汗实属迫不得已，这一去是主张求和，而不是激化矛盾。唐朝初年的国力和军力都不足以和突厥铁骑相比，所以，双方很顺利达成协议，李世民赔款（一说把大唐国库的税收全给突厥），承认突厥的地位，盟约达成，不然，你真相信六个人吓退十几万骑兵的剧情吗？

李世民终不是平庸之辈，他深知所有的谈判都是实力的体现，必须打造一支强大的骑兵，同时突厥部落众多，需暗中分解，许以利益。公元629年，兵部尚书李靖率李勣、柴绍、李道宗、卫孝节、薛万彻六路大军，出击突厥。公元630年正月，寒风凛冽，大雪纷纷，突厥人放松警惕，李靖亲率三千精锐，急速行军，打了对手一个措手不及，其他几路军马也相继获胜。此后，李靖的大军恩威并施，横扫突厥，颉利可汗被俘，押送到长安，突厥灭亡。昔日威风凛凛的草原雄鹰，渭河边不可一世的可汗，沦为阶下囚。李世民用实力诠释了知耻而后勇的道理，这才是“渭水之盟”被后人推崇的原因。

一千多年后的渭水河边，没有了当年白马之盟的初见。争不完的江山、放不下的执念，颉利可汗和李世民立下的誓言，早已远去不见，或许只有南归的大雁、变化的桑田，指引着记录的史官，写一段兵戎相见，谱一曲盛世华年。

唐隆政变

李隆基的玄武门之变

唐中宗李显当皇帝的时候，为了制衡武则天把持朝政，重用外戚韦氏一族，不料反被武则天废黜，发配到房州（今湖北房县）。

神龙政变后，李显第二次当上皇帝。不仅没有杀掉武氏家族武三思等人，还纵容韦皇后干预朝政，使其大有步武则天后尘的趋势。韦皇后和武三思两人关系暧昧，李显也不在意。李显的女儿安乐公主甚至让他立自己为皇太女。公元710年6月，李显突然驾崩（有传闻是韦皇后和安乐公主毒杀）。很多史书评价唐中宗为昏庸之主，真是这样吗？

如果你站在李显的角度考虑事情就很简单，武则天退位的那场政变，受益者有四股势力：一是张柬之、敬晖等五位大臣，既是李唐王朝的功臣，又被封王，名利双收；二是相王李旦、李隆基父子，靠着这场政变积累了大量政治资源，且李旦也是当过皇帝的人；三是太平公主，她可是有权有势，一支不可低估的力量；四是李显，直接当上皇帝。但是摆在李显面前的权臣、宗室的威胁巨大。要控制权臣和宗室，必然树立其他势力制约，以武三思为首的武氏一族不能消灭。另外，韦皇后和安乐公主同为患难的亲人，更是可以利用。所以，李显先联手武三思，罢免了神龙政变几位宰相。公元

707年7月，太子李重俊担心储君之位不保（他非韦皇后所生），带兵发动政变，杀掉武三思等人，但因为禁军反叛，很快被镇压。李显和韦皇后心照不宣地将这件事引到了太平公主和李旦身上，御史中丞萧至忠进谏："陛下富有四海，难道不能容忍一弟一妹吗？"这只是一套说辞，李显没有杀李旦和太平公主，但这两人从此不敢在李显面前争权，留着他们也是对韦皇后和安乐公主的另一种制衡。

李显死后，李隆基和太平公主联手，里应外合，从玄武门进入，杀掉韦皇后、安乐公主和上官婉儿，并剿灭其党羽。拥立相王李旦做皇帝，是为唐睿宗，这也是李旦第二次做皇帝。这次政变因为年号唐隆，故称"唐隆政变"。

"唐隆政变"是宗室和外戚的又一次较量，宗室凭借着周密的策划，快速的出击，彻底铲除韦氏专权，加上李显扳倒权臣，李重俊杀掉武三思，肃清了前朝外戚，李唐王朝用全新的开始埋葬多次党争的过往，用带血的刀把诠释政权的疯狂，无法掌控权力的韦氏最终被权力毁灭。

救时宰相

论谋略，我不是针对谁

公元705年，张柬之等人密谋发动神龙政变，推翻了武周政权，恢复李唐王朝。百官们都相互庆祝，只有一个叫姚崇的官员伏地而哭，有人劝他这样的行为可能会招来灾祸，但是姚崇说："我因为则天皇帝的提拔，曾经做过宰相，现在和她分开，我很心痛，我跟着你们发动政变，推她下台，是对李唐王朝的忠心，也是人臣之责，就算获罪，也心甘情愿。"

此后，姚崇在外地做官，一直到唐睿宗时期，才被召回长安，官至宰相，他与宋璟通力合作，将国家治理得井井有条。当时太平公主干政，姚崇密奏唐睿宗，将太平公主迁到洛阳。不料太平公主强势反击，姚崇被贬到外地。此后，唐睿宗退位，李隆基发动政变，杀掉太平公主继位，史称唐玄宗。唐玄宗特意到新丰（今陕西西安临潼区东北）阅兵，并召见了在同州（今陕西渭南大荔县）做刺史的姚崇，两人纵横天下事，唐玄宗重新任命姚崇为宰相。姚崇提出十条建议，主要是施行仁政，不发动战争，宦官、外戚不得干政等内容，唐玄宗欣然接受。姚崇推行改革，整顿吏治，鼓励农耕，"开元盛世"拉开帷幕。

成绩显著的姚崇很是得意，曾向另一位官员齐浣（huàn）问道："我这个宰相做得怎么样？能和历史上的管仲、晏婴比么？"齐浣回答："管仲、晏婴做国相时，制度始终如一，您当宰相，制度法令经常修改，依此来看，您不如他们。"姚崇问道："那我是个什么样的宰相？"齐浣又答："您算是个救时宰相，拯救国家的弊病。"姚崇听完，哈哈大笑，拍腿说道："救时宰相，也是不可多得啊！"

姚崇临死时，给儿子说了这么一段话："我和另一位宰相张说一直不和，我死之后，他出于礼节，一定会来吊唁。张说平时喜爱收藏，你把我收藏的珍宝器物拿出来给他看，并送给他，邀请他给我写墓志铭，写完后，马上交给皇帝审阅并雕刻。张说得到宝贝会高兴，但想起我和他的关系，就会反悔，要拿回他写的墓志铭，报复我们家。你就告诉他，已经提报给皇帝了，这样我们全家人都可以安然无恙。"姚崇死后，张说果然在参观完珍宝器物后，为姚崇写了一篇称颂他的碑文。过了几天，张说反悔了，又派人来索取，称文辞还要修改，但姚崇家人说已经提报给皇帝了。张说后悔不已，长叹道："死了的姚崇，居然还能算计活着的张说，看来是我不如他呀！"

姚崇一生三任宰相，见证了武则天、唐中宗、唐睿宗和唐玄宗四朝的繁荣。他经纬纵横，有王佐之才；他谋略万事，称救时宰相。在道与术、取与予、利与害、常与变、方与圆、生与死中完成了一个时代的壮举。

元和中兴

有始无终的中兴之主

唐德宗年间的某一天，德宗抱着自己的孙子李纯，逗他说：“这是谁家的孩子？怎么会到朕的怀里？”李纯回答：“我是第三天子！”唐德宗大为惊讶，按照继承顺序，李纯的父亲是太子，他确实是第三天子，唐德宗因此对这个孙子另眼相看。

公元805年，李纯登基，是为唐宪宗。当时正处唐中期，各地藩镇是为大患，安史之乱后的皇帝，为了稳定天下，采用宽容姑息的办法对待藩镇。唐宪宗深知养虎为患的道理，没想到，继位之初，西川节度副使公开造反，唐宪宗立马调兵遣将，很快镇压。随后，淮西节度使叛乱，这里地处中原，位置重要，敌人强大，唐宪宗让宰相裴度亲临战场，君臣二人在长安城东边的通化门洒泪分别，裴度拜别说：“若灭贼人，臣尚有归期，若贼人不灭，则归期无定。”裴度用了三年时间平定叛乱。经此一役，其他节度使纷纷表示忠心，中央集权得到提升。

唐宪宗的梦想就是做一位像唐太宗、唐玄宗一样的帝王，他鼓励大臣要敢于进谏，任用了一批有实力的大臣。他生活简朴，善于学习，常年坚持上朝，勤于政务，改革国家的税收。当时，边疆不稳，唐宪宗派韦皋打败吐蕃军队，并与当时的回鹘、南诏保持友好关系。国家一度出现繁荣的景象，史称“元和中兴”。但是执政后期的唐宪宗，开始志得意满，任用宦官，沉迷长生不老之术，长期服食丹药，让他性格大变，对周围的人辱骂、鞭打。他崇尚佛教，公元819年，唐宪宗将宝鸡法门寺内佛骨舍利迎到皇宫之中，全国各地开始大肆修建寺庙，劳民伤财，佛寺趁机兼并土地，免交赋税。刑部侍郎韩愈上书，提出皇帝此举不妥，劝谏唐宪宗不要痴迷，宪宗大怒，想处死韩愈，在其他大臣的说情下，将其贬为潮州刺史。在路过秦岭的时候，韩愈写下了“云横秦岭家何在，雪拥蓝关马不前。”的句子。

公元820年，四十三岁的唐宪宗死在大明宫中和殿，葬于景陵（今陕西蒲城金帜山）。关于他的死因有两种说法，一说是被宦官杀害，一说是误服丹药。

唐朝至安史之乱后，还能再延续150年，离不开好几位励精图治的皇帝，唐宪宗无疑是其中的佼佼者。但中兴之主并非救世之主，前期的繁荣掩饰不了后期的昏庸，“元和中兴”只是未尽的黄粱一梦，唐宪宗所谓辉煌的帝王人生，最后成了欲望的囚徒，所谓：长不过执念，短不过善变，便是如此。

甘露之变

皇帝的队伍被团灭

公元826年，宦官王守澄立李昂为皇帝，是为唐文宗。唐文宗一朝党争不断，派别繁多。唐文宗李昂先拿王守澄的“阉党”开刀，因为前一任皇帝唐宪宗据说就是王守澄害死的。唐文宗找来“牛党”宰相宋申锡谋划，不料被人告密，“阉党”反击说宋申锡谋反，而且有理有据，宋申锡被迫出局。第一回合唐文宗没有取得想要的结局。

第二轮唐文宗釜底抽薪，拉拢“阉党”仇士良，让他从内部瓦解王守澄，并给仇士良许诺高官，同时王守澄提拔的李训、郑注也倒向皇帝，很快王守澄败下阵来，被赐毒酒。第二轮大获全胜。第三轮唐文宗剑指牛李两党，郑注、李训积极谋划，李宗闵、李德裕纷纷被排挤出朝廷。朝廷中剩下的就是郑注、李训的“帝党”，还有仇士良的“阉党”。

唐文宗把李训升为宰相，同时把郑注派到凤翔做节度使。因为宦官掌握神策军（长安城禁军），李训、郑注两人商议，郑注到凤翔招募兵马，杀进长安，李训为内应，准备向“阉党”发起总攻。但是这两人之间也充满了钩心斗角，李训为了不让郑注抢得头功，决定先下手为强。上朝的时候，派左金吾卫大将军韩约报告说，大明宫左金吾衙门后院的石榴树上，发现有甘露降临，是祥瑞。唐文宗派仇士良、鱼弘志等宦官查看，一路上韩约十分紧张，汗流浃背，仇士良觉得奇怪，又在金吾衙门后院发现幕帐后面有士兵，仇士良等人大惊，夺门而逃，直奔含元殿，向唐文宗报告有人要发动兵变。刚好被李训遇见，他拉着一队人要护驾，杀死十几个宦官，其他宦官抬起唐文宗的软轿就走，李训拉住轿子，呼喊着保护皇上，宦官拳打李训，迅速进入宣政门并紧闭大门。李训见状，知道大势已去，纵马逃走。此时，宦官所管辖的左、右神策军出动，李训、郑注及其党羽纷纷被杀。

甘露之变后，史书认为宦官彻底掌握了政权，朝中各级官员都被宦官欺凌，唐文宗更是被软禁。有一次，唐文宗问学士周墀（chí）:“你觉得朕是一个什么样的君主？”周墀拜倒:“臣不敢评价，天下人都说陛下是尧舜之君。”唐文宗苦笑道:“朕的意思是，如果与周赧王（东周亡国之君）、汉献帝（东汉亡国之君）相比如何？”周墀错愕:“陛下圣德，成康二王（西周“成康之治”时的国君）、文景二帝（西汉“文景之治”时的国君）所不及，为何要与那两位国君比呢？”唐文宗叹了口气:“周赧王、汉献帝不过受制于权臣，朕却受制于太监，远比不上他们。”说完，两人泪湿衣襟，唐文宗自此不再上朝。

日积月累

晚唐历史上的君臣际会

公元840年，病重的唐文宗自知时日不多，这个被宦官控制的皇帝，最后的想法是让刘宏逸和李钰两位大臣辅佐太子监国。但是手握兵权的仇士良为了把持朝政，更改了遗诏，改立唐文宗的弟弟李炎为皇帝，历史上称为唐武宗。

唐武宗继位后，一心想着重振山河，他想起了历经宪宗、穆宗、敬宗、文宗四朝的大臣李德裕，此人胸有谋略，腹隐雄兵，是个不可多得的人才，于是召李德裕回到长安，重新担任宰相。李德裕辅政后，和唐武宗开始了一系列改革。《资治通鉴》记载，李德裕说："先帝于大臣，好为行迹，小过皆含容不言，日累月积，以致祸败。"这段话的意思是先帝唐文宗对大臣和太监犯的错，一般是包容、原谅，不肯批评他们，结果一天天积累起来，最终导致更大的问题出现。成语"日积月累"由此得出。

当时回纥（少数民族部落，维吾尔族的祖先）在边境被黠戛（xiá jiá）斯打败。回纥李思忠部向大唐求救，边防将领贪功，想趁火打劫，朝中很多大臣纷纷支持，李德裕提出反对。因为回纥在平定安史之乱时，曾立下大功，如今别人诚心投靠，应该予以安抚。唐武宗支持李德裕的看法，安抚李思忠，自此他为大唐效力。

一年后，回纥另一支部落乌介可汗兵犯大同等地，李德裕制订了详细的作战计划，安排六路人马奇袭乌介可汗，大破对手，李德裕的政治、军事才能尽显。不久后，昭义（今山西、河北）节度使病逝，他的侄子刘稹（zhěn）上奏朝廷，要求世袭节度使的职位。李德裕认为："昭义节度使十分重要，朝廷应当收回，刘稹蔑视朝廷制度，如果不讨伐，其他节度使也会效仿，天子的威严何在？"朝中有人认为，国家好不容易取得短暂的和平，不宜出兵。李德裕义正词严地回答："如果师出无功，我一人承担所有罪责！"李德裕领兵前往，在途中更换了不听号令的将领，招降了部分叛军，与刘稹对峙时，先攻心，后攻城，最后取得胜利。

唐武宗和李德裕对外抵抗回纥，对内平定叛乱，削减宦官的权力，淘汰没有必要的官员，大规模开展灭佛运动。通过一系列改革，唐朝又重新出现了繁荣景象，历史上称为"会昌中兴"，唐武宗和李德裕君臣二人成为晚唐为数不多的亮点之一。

令人遗憾的是，唐武宗仅仅在位七年，他和李德裕这段君臣际会便拉下帷幕。新上台的唐宣宗免去李德裕宰相之职，贬到外地，后来63岁的李德裕病逝于崖州（今海南海口东南）。那些如夏花般的中兴绚烂，那些东征西讨的逝水流年，都成徒然，归于平淡，在晚唐的历史中渐渐消散。

大中之治

唐朝的影帝皇帝

唐文宗李昂每每宴请皇室，席间觥筹交错，欢声笑语，但光王李忱始终沉默不语，大家都已习以为常。李昂一直觉得李忱是个傻子，便开玩笑对大家说："谁能让我的叔叔光王开口说话，重重有赏！"大家开始逼着李忱说话，但李忱只呵呵傻笑，并不应答。

唐文宗之后，他的弟弟李炎继位，是为唐武宗。李炎使唐朝一度出现中兴局面，但在位七年便驾崩。当时的宦官认为光王李忱智商不足，立他为皇太叔，继而登基，史称唐宣宗。不料这个沉默寡言的李忱继位后，立刻转变风格，对拥立他的宦官，或诛杀，或流放，一改唐朝中后期宦官专政的局面。另外，唐武宗一朝的宰相李德裕也被排挤到外地，其他权贵纷纷倒台，晚唐历史上的"牛（牛僧孺）李（李德裕）党争"宣告结束。

唐宣宗将《贞观政要》书写在屏风之上，每日研读，励志要做一个像唐太宗一样的明君。他勤于政事，细细研究大唐的弊病，减少百姓的赋税，重视人才的选拔。他想任用白居易做宰相，但诏书下达时，白居易已经去世。唐宣宗写下了《吊白居易》的诗，一方面是对白居易的推崇，另一方面也让天下人都知道自己重视人才。皇帝写诗悼念诗人，这在历史上确实罕见。唐宣宗要求，凡是到地方赴任的刺史（州最高行政长官），都要到长安接受当面考查，合格者才能上岗。

李忱还效法唐太宗，让魏征的五世孙魏谟担任宰相。魏谟议政时，从不考虑皇帝的感受，实事求是，颇有当年魏征的风范。唐宣宗虚心纳谏，严肃治国，另一位宰相令狐绹曾感慨："我从政十年，皇上对我已经很信任了，但每次汇报工作时，没有一次不汗流浃背。"当时发生旱灾，部分藩镇发生兵变，唐宣宗果断调兵，平定各地的叛乱。而西北的吐蕃日益衰败，且内乱不断，唐宣宗趁机收复了河湟（青海东北），并击败了回鹘（今新疆一带）、党项（今甘肃、陕北一带）、奚人（今内蒙古西拉木伦河上游一带）等少数民族，举国欢腾。

唐宣宗是历史上唯一以"皇太叔"的身份当上皇帝的人，他韬光养晦，几十年装疯卖傻，掌权后却一鸣惊人；他对自己要求严苛，为了不沉溺享乐，亲手赐死绝色佳丽；他平易近人，能准确说出大明宫中每个低级别官员的名字；他开疆拓土，收复河西，征战南疆，安定西陲，大破北狄。在他的治理下，唐朝显现出一抹晚霞，史称"大中（唐宣宗年号）之治"。史学界将他和汉文帝、唐太宗一样定义为明君，只是唐宣宗仅仅在位十三年，就误服丹药不治而亡。弥留之际，他脑海里闪过此生所有的功业，瞳孔中显出大唐最后的影像，夕阳渐渐消散，霞光倾泻洒下，天地之间，徒留下一个挣扎的治世，四十八年后，唐灭亡。

泾渭分明

千古地理奇观

《诗经》中有一篇《国风 · 邶（bèi）风 · 谷风》，“邶”是西周时期的一个诸侯国名，在今天河南汤阴县东南。这首诗讲的是一位女子被丈夫抛弃，丈夫寻找新欢，在丈夫大婚之日，女子被赶出家门。她如泣如诉地吐露心声，其中有一句为“泾以渭浊，湜（shí）湜其沚（zhǐ）。宴尔新昏，不我屑矣”，产生了两个成语——“泾渭分明”和“新婚燕尔”。这一句诗的意思是泾河流入渭河的时候，虽然表面浑浊不清，但河底是清澈的。你们新婚很快乐，没人知道我心里的痛楚。三千年前，人们就借用泾河、渭河来表示是非分明。

在中华腹地有一条关联着整个悠久文明史的河流叫作渭河，它是黄河的支流，长810多公里，每到洪水期水流像泥浆一样，河的流量不大，不能托浮客船货轮，但它却哺育了从古至今陇地和关中的芸芸众生。《诗经》里的名句“关关雎鸠，在河之洲”以及《蒹葭》中“所谓伊人，在水一方”都是在渭河边发生的故事。周文王在渭水河边寻访贤臣姜子牙，秦朝为了控制渭河河运将都城从栎阳（今陕西西安阎良区）迁到咸阳。秦始皇、汉武帝、唐太宗、武则天，一群中国历史上最显赫的帝王，相继在渭河滩上，留下最绚丽的故事。

泾河是渭河的支流，早在战国时期，韩国水工郑国主持兴建郑国渠，引泾河水向东注入洛河。唐代，又传说泾河龙王与算命先生袁守诚打赌下雨的事情：泾河龙王犯了天条被魏征斩杀，他去找唐太宗索命，唐太宗到寺庙超度，才有了唐玄奘去西天取经的故事（详见图书《长安处处有故事·西安地理》“丈八路”）。泾河还流传着进京赶考的书生柳毅在此救下了龙女，最后有情人终成眷属，上演了一场爱情童话。

泾河和渭河两条古老的河流在西安北郊汇合的时候，由于含沙量不同，呈现出一清一浊的奇观，清澈的泾河水、浑浊的渭河水同流而互不相融（有时候泾河水浑渭水清），就有了一道非常明显的界限，所以叫作“泾渭分明”，后人就用这个成语来比喻界限清楚或是非分明。

现今，我们依然能站在泾渭分明的交界处，看千年过往，看文明起落，只是两条河的流水太瘦，而时光的指缝太宽。一个不经意，历史已经把故事写好了结局，那些伟大的人物注定要消散在河谷深沟里，有些故事也注定要飘零在流水间，泾河的风，已是寻常；渭水的雨，已成篇章。三千弱水，总会有一瓢值得我们珍藏，也总会有一段传说绵延悠长，地老天荒。

品德

The Chang'an story

桐叶封弟

梧桐树下的承诺

周成王是西周的第二位君主，他主政期间，厉行节俭，分封诸侯，规划各项国家策略，对内推行“以德治国”的主张，对外用武力控制东方的少数民族，取得了一定的成果，奠定了西周王朝的基础。之所以有如此成绩，史学家认为，这一切和周公辅政密切相关。

周成王初当国君的时候，年纪非常小，有一次和弟弟叔虞在一棵梧桐树下玩，一阵秋风吹来，梧桐树上的叶子纷纷飘落。周成王随手捡起一片梧桐叶，用刀子刻成一个玉圭送给叔虞，玉圭在周朝是诸侯身份的象征，周成王说：“来，弟弟，我封你一块土地，你把玉圭拿去吧！”叔虞听了很开心，拿着这片梧桐叶去找周公。

周公当时是辅政大臣，听说了这件事，立刻换了一套正式的衣服，去王宫中找周成王。周成王很疑惑：“叔叔，你今天穿得这么正式，是有什么事情庆祝吗？”周公回答：“我刚刚听说，您给弟弟封了一块地。发生这么大的事，所以我穿着正式的衣服来拜见您。”周成王哈哈大笑：“我跟我弟弟开玩笑的，叔叔你不要当真。”周公立刻严肃起来，对周成王说：“我们提倡言出必行，以信义为重。天子无戏言，如果你连弟弟都欺骗的话，那么天下人如何看待您这个天子？”周公一席话让周成王哑口无言，同时也深感惭愧。

周成王便决定，给弟弟叔虞一块封地，兑现自己的承诺。

这个故事记录于《吕氏春秋·览部》，成语“君无戏言”“桐叶封弟”均来源于此。

周成王是中国历史上守成之君的典范，获得了后世很多赞誉，他病逝后，周康王继位，历史上把他们统治时期叫作“成康之治”，是西周最繁华的时代。当时天下安宁，叛乱平定，四十余年不用刑罚，周成王会盟天下诸侯。他许历史一个盛世繁华，虽然不像开国君主那样鲜衣怒马，也不像中兴之主力挽天下，但他的国家，一笔一画，清明无瑕，一言一行，传为佳话，也留在了那棵梧桐树下。

明镜高悬

一块神奇的镜子

汉代刘歆的《西京杂记》中记载了一个神奇的故事。公元前206年，刘邦率军进入咸阳城，咸阳宫无数的珍宝映入眼帘，下属向他呈上一件特殊的镜子，这面镜子据说是秦始皇生前所用，能照出人的五脏六腑，也能分辨出忠奸善恶。后来，这块秦镜不知所踪。

到了唐太宗年间，为了让太上皇李渊安度晚年，李世民下令在长安城龙首原上修建一座寝宫。工人在打地基时，挖出当年秦朝的这块“明镜”，呈给唐太宗，并且兴奋地告诉他这块镜子的作用。唐太宗淡淡地说：“魏征就是我的镜子，可以明辨我的得失，我又何必用另一块镜子来衡量呢？”旁边的魏征赶紧叩头，对唐太宗的信任感恩戴德。也因为这块镜子，这座宫殿取名为“大明宫”，后来成为唐朝的政治中心。

唐玄宗年间，诗人刘长卿高中进士，还没有等到发榜，就爆发了安史之乱，原本安定的生活被打乱。唐肃宗继位后，任命刘长卿为县尉，此后刘长卿又辗转各地。唐德宗年间，刘长卿在随州（今湖北随州）做刺史。当时户部侍郎刘宴被宰相杨炎冤杀，青州节度使李正己为刘宴打抱不平，起兵反唐。此外朱滔、田悦、王武俊、李希烈等有实力的军阀也相继叛乱。刘长卿为了自保，选择逃离随州并写了一首《避地江东，留别淮南使院诸公》的诗：

长安路绝鸟飞通，万里孤云西复东。

旧业已应成茂草，馀生只是任飘蓬。

何辞向物开秦镜，却使他人得楚弓。

此去行持一竿竹，等闲将狎（xiá）钓渔翁。

按照唐朝的制度，擅离职守要杀头，刘长卿感叹余生像蓬草一样飘零，不敢回去复命，只能徒坐垂钓。诗中“楚弓”出自于西汉刘向的《说苑·至公》中，说的是楚共王打猎丢了弓箭，手下要求查找，楚共王说：“我在楚国丢了弓箭，捡到的一定是楚国人，也不是外人，所以不用找了！”刘长卿这首诗的意思是大唐的江山已落入他人之手，诗人向君王以“秦镜”表明自己的清白。

唐宋以后，县衙处理事务时，往往讲究严明公正，便挂起一块牌匾“秦镜高悬”，希望用“秦镜”来辨明忠奸，也是对升堂官员的一种鞭策，告诫他们要做一个明察秋毫的清官，后来演变成“明镜高悬”，一直沿用到清朝末年。

如今，我们在很多影视作品中，无论是塞北江山，还是烟雨江南，都能看到“明镜高悬”这方牌匾。在这里，往往会有公堂之上的唇枪舌剑，也会有奉公守法后的阅尽欢颜。青史漫漫，时过境迁，心如明镜，而后安然。

霸陵谈棺

总和皇帝抬杠的人

某一年汉文帝在上林苑观看老虎表演，针对饲养动物提出了很多疑问，上林苑的负责人不知如何回答，而饲养员站出来解答了汉文帝的疑惑。汉文帝认为做官就应该熟知每一个细节，让身边的随从张释之下令，提拔饲养员为上林尉。

张释之并没有立即执行，而是询问汉文帝，如何评价周勃（*汉初名将，官至宰相*）和张相如（*汉初名将，屡立战功*），汉文帝对两人评价都很高。张释之说："周勃和张相如都是很有能力的人，但都不善言谈。饲养员每天和动物在一起，肯定比上林尉更懂业务。上林尉只需要管理好团队就行了，你撤了他，会让天下人都认为只需伶牙俐齿就可做官。"汉文帝觉得张释之说得有理，没有提拔饲养员，而提拔张释之为公车令，掌管宫门事宜。

太子刘启与梁王乘车入朝，到了司马门（*皇宫的外门*）未下车。张释之阻挡二人进宫，向汉文帝弹劾太子与梁王大不敬。汉文帝亲自赔罪，太子、梁王才进入宫中。汉文帝表扬了张释之的正直，再一次给他升官。不久后，汉文帝和慎夫人到霸陵（*今陕西西安东郊白鹿原东北角*），慎夫人弹瑟，汉文帝高歌，歌声悲凉。汉文帝对大家说："我百年之后，用上好的石头做棺椁，缝隙处堵严实，再用漆涂在上面，还能被盗吗？”大家都觉得此办法很好，张释之却有不同的看法：“如果陵墓内有引起人们贪欲的东西，即使再封闭也有空隙；如果陵墓内没有引起人们贪欲的东西，即使简单埋葬，也不用担忧。”汉文帝对张释之的看法表示赞同，升他做廷尉（主管司法的最高官吏），这就是“霸陵谈棺”的故事。

汉文帝有一次外出，在渭桥上，一个路人惊了他的马，汉文帝险些摔下马，便逮捕了此人，交给张释之查办。不料张释之根据律例判罚“冒犯车驾，罚金四两”了事。汉文帝不解，张释之说：“天子和百姓一样遵守法律，按照律法就应如此。如果考虑到是天子的车驾而加重处罚，那么百姓就会感到不公。”

班固曾这样评价张释之：“张释之为廷尉，天下无冤民！”张释之因忠于事业而正直，不苟同于世俗。其实，无论是庙堂，还是江湖，都有束缚。游鱼抵不过湖底，鸿雁高不过青天，正直不是索取的少，而是坚守的多。

金石为开

李广为什么不能封侯

秦汉时期的右北平郡（今内蒙古宁城西南）是抵御匈奴的重要边防基地。一天傍晚，大将李广巡边，路上怪石嶙峋，杂草丛生，风吹过沙沙作响，突然草丛中惊现硕大的黑影，众人骇然。李广寻思，这黑影好似一头猛虎，便拈弓搭箭，“嗖”的一声，箭如流星，划过夜空，正中目标。李广打马上前查看，发现自己射中的不是老虎，是一块石头，因为当时太过投入，箭头已经射进石头里，拔不出来。士兵们都觉得不可思议，李广自己都认为不可能把箭头射进石头里。于是又重新骑着马在原来的位置再射，一连几次，甚至比当时更用力，可再也没有把箭头射进石头里。

李广射虎这件事情流传开来后，人们除了推崇李广的箭法外，更多的是感到奇怪，什么原因导致李广能把箭射进坚硬的石头里？

几十年后，长安城有一位学者叫扬雄，学识渊博，有人向他询问这件事情，扬雄说了八个字：“精诚所至，金石为开。”如果人有诚心，就能感动天地，使石头为之开裂。这个成语因为足够励志，被后世不断使用。

李广二十出头便担任了陇西郡都尉。汉景帝时期，爆发“七国之乱”，李广跟随周亚夫，立下战功，本有机会封侯，但他私自接受了梁王的将军印。当时梁王可是汉景帝的政敌，情商不高的李广错过了第一次封侯的机会。此后李广抵御匈奴，多有战功，匈奴不敢南下，称他为“飞将军”。汉武帝时期又发动了数次对匈奴的战争，李广都领兵出击，但战术上的失误和运气不好，导致他的战绩没法和卫青、霍去病等人相比，甚至自己还曾被匈奴俘虏过。

公元前119年，汉武帝发动漠北之战，六十多岁的老将李广到未央宫请求随行，大将军卫青带领人马亲自和匈奴单于决战，李广从东边绕道包抄。李广在行军途中迷了路，延误了战机。他感叹道：“老夫此生和匈奴交战七十多次，最后一战却迷失了方向，这恐怕是天意吧！”说完李广拔剑自刎，“飞将军”从此绝迹人间。“李广难封”也成了悲情英雄的代名词。

司马迁在《史记·李将军列传》结尾处写道：“桃李不言，下自成蹊。”算是对老英雄最好的褒奖。秦时照明月，汉塞立边关，烽火狼烟的故事渐行渐远，龙城飞将的传说仍有遗憾，留在了胡马阴山，也留在了那一世的长安！

一意孤行

直男赵禹的酷吏生涯

西汉时期，在陕西咸阳武功有一个叫赵禹的人，年轻时为官清廉，得到汉文帝的提拔。后来周亚夫做了丞相，赵禹担任丞相史，周围的人都表扬赵禹刚正不阿，只有周亚夫不看好他，说："赵禹这个人才华出众，但是执法太苛刻，不能再升官了。"

到了汉武帝时期，赵禹升为御史，又凭借着出色的执行力，做到了中大夫。他与当时有名的酷吏张汤一起负责修订国家法律，其中有一项叫作"见知法"，要求各级官员相互监督，鼓励揭发。这项法律的出现，让朝中人心惶惶。赵禹因为清廉，家里没有门客，也谢绝拜访，官员来拜访他，他也不答谢，独来独往，不让人情破坏自己制定的法律。比他官职还大的公卿去赵禹家串门，赵禹知道他们的来意，只是和他们聊诗词歌赋，根本不提法律的事，公卿们走的时候，赵禹把礼物原封不动地还给他们。之后，无论哪个亲戚朋友去找他说法律的事，赵禹一律不理睬。有人问他："难道你不怕得罪人么？"赵禹回道："务在绝知友宾客之请，孤立行一意而已。"意思是我断绝所有人的求情，就是要独立做我应该做的事，不受任何人的干扰。成语"一意孤行"来源于此。

后来酷吏张汤惹怒汉武帝，被打入天牢。面对指责，张汤拒不认罪，汉武帝只能找到赵禹，让他去审判张汤。赵禹见到张汤，一顿痛骂："你太不懂得分寸了！你想想，你做酷吏这么多年，审了多少案子，又处死了多少人？你能保证所有案件都问心无愧吗？皇上待你不薄，想给你留个全尸，你自己看着办吧。"张汤听完，自刎而死。

赵禹的故事记录于《史记·酷吏列传》中。晚年的赵禹被调到燕国做国相，后来免职回家，便不问政事，十多年后，寿终正寝，历史上能在酷吏这个行业中善终的人并不多见。酷吏一般出身寒门，没有政治背景，但心狠手辣，靠着皇帝的提拔扶摇直上，打击豪强，排除异己，加强中央集权，因此会得罪很多人。他们独来独往，不喜欢结党，更不会营私，一心报效君王。但是酷吏下场都很凄惨，皇帝常常会杀掉酷吏，来扮演好人，平息敌对势力。《史记》中的十几位酷吏，除了赵禹、杜周的结局稍微好一点外，其余人都不得善终。

有道是身世浮沉，却不得人心；才华经纶，叹坠入俗尘。秉公断案的赵禹带着率真，刚正不阿的案卷上满是伤痕。得意时，直上青云；失意时，波澜不惊。帝王终归残忍，酷吏也总不能扭转乾坤，倾一生，成一纸空文。

苏武牧羊

坚守使者典范

汉朝初年，国力较弱，北方匈奴强盛，常常南下掠夺财物。汉高祖刘邦征讨失败后，惠帝、文帝、景帝一直对匈奴退避忍让。汉武帝年间，国库充盈，天下安定，多次派兵攻打匈奴，取得了一系列的成绩。

公元前100年，匈奴且鞮（dī）侯单于即位，欲与汉朝和解。汉武帝派苏武带着一百多人的使团出使匈奴，完成和解任务后，苏武一行准备返回长安。此时匈奴内部却出现叛乱，单于认为叛乱和汉朝使者有关，将苏武等人关在一个露天的大地窖里，断绝粮食和水，提出只要答应投降匈奴，便放他们一马，且许高官厚禄。苏武在地窖里受尽折磨，始终不肯屈服，匈奴人敬重他的气节，把他从地窖里放出来，流放到今西伯利亚的贝加尔湖一带（另一种说法是流放到武威市民勤县）牧羊，并扬言："何时公羊生下小羊羔，才放他回国。"苏武在冰天雪地里吞风吻雨，以野菜野果充饥，日复一日，年复一年，直到头发全白，他始终没有放弃过坚持。

十九年后，汉武帝已经驾崩，汉昭帝继位，当初囚禁苏武的且鞮侯单于已经去世，匈奴内乱，再无实力和汉朝对峙。又派使者求和，汉昭帝应允，但要求匈奴释放苏武等人。匈奴人骗汉昭帝说苏武已经死了。新的汉朝使者来到匈奴时，当年跟随苏武的人暗中透露了苏武还活着的消息。汉朝使者严厉责问匈奴单于：“我们皇上在上林苑中射落一只大雁，大雁身上有苏武的亲笔信，他说自己在北海牧羊，您怎么解释？”单于知道再隐瞒也无意义，感慨地说：“这是苏武的忠义感动了这只大雁啊！”单于向使者致歉，立即送苏武回国。

班固在《汉书》中对苏武的故事有详细的描写，“苏武牧羊”被后世广为流传，被历朝历代树立为标杆，用来表现使者不辱使命。今天咸阳市武功县武功镇龙门村，就是苏武墓所在地，引来无数后人拜谒。

苏武出使匈奴时，正当盛年，回汉时已经六十岁了，当时跟随自己的一百多人，只剩九人。公元前81年，苏武回长安时，全长安城的百姓都出门迎接，向这一位铁骨铮铮的男人致敬。此时的他，头发花白，满脸皱纹，手里还紧紧攥着当年汉武帝发给他的旌节。苏武老泪纵横，长安的一切熟悉而又陌生，那山，那树，甚至是泥土，无不散发着一种回忆的芬芳。但是真正让人激动的，或许是在外的艰辛和回家的甜蜜糅合在一起，百感交集。

弹冠相庆

一棵枣树引起的家庭纠纷

西汉中期，年轻的王吉在长安城读书。他家东边邻居种着一棵大枣树，枝繁叶茂，树枝有一段还伸到王吉家的院子里，王吉的妻子摘下大枣，给丈夫吃。王吉得知这枣取自于邻居家，非常不满，就把自己的妻子赶出家门。邻居得知此事，觉得过意不去，就要砍掉这棵枣树。后来经其他人劝说，误会解除，王吉原谅妻子，邻居也不砍树了。当时就流传着："东家有树，王阳妇去，东家枣完，去妇复还"的佳话。

王吉最早在昌邑王刘贺手下谋职。刘贺喜欢驾车带着人游玩，王吉进言："大王四处巡游，百姓只能荒废农事，为您修路牵马，这不是明君所为。当初西周的召公到地方上任，正值农事繁忙，召公就在甘棠树下办公，百姓感念他的仁义。"昌邑王刘贺很是欣赏王吉，对其他人说："我的品行不可能完美，王吉多次指出我的错误，据理力争，做到了臣子的责任，我们都很敬重他。"

后来汉昭帝驾崩，没有子嗣，大将军霍光选择昌邑王刘贺到长安做皇帝。昌邑王继位仅仅二十多天，就被霍光废黜，刘贺手下的大臣很多被杀，王吉因为人正直、名气很大，而逃过一劫。

汉宣帝继位后，王吉被启用，担任博士谏大夫。当时皇族生活奢靡，世袭罔替，王吉上书废黜贵族继承制度，重新整顿吏治。汉宣帝并没有采纳他的建议，王吉心灰意冷，称病回家，与好友贡禹在乡间耕作。汉元帝继位后派人请王吉出山做官。贡禹听说好朋友做官的消息后，很是高兴，把自己当初做官的帽子取出来，弹去灰尘，然后戴上。旁边人问他原因，贡禹回答："王吉做官了，朝廷马上就会让我也做官的。"果然不出贡禹所料，他也被朝廷启用。成语"弹冠相庆"由此得来。本来这个成语是对他们两人友谊的赞美，但是到了北宋年间，苏洵写了一篇《管仲论》，里面讲到了齐桓公的三个奸臣，得知管仲死了后弹冠相庆，因此这个成语从这里开始变成了一个贬义词。

《汉书·王吉传》中记载，年迈的王吉带着官服，收拾行囊，最后一次踏上了去往长安的路途，但是这一次，那些有力的劝谏、那些深邃的思考、那些闪亮的品德，都在一场大病中消逝，王吉没能到达长安便撒手人寰。历任四朝，起落多次，功业成空，遗恨无穷。古道只剩下些许寒云，渭水也只留有阵阵秋风。

不屈不挠

汉朝的淡定哥

西汉建立的时候，外有匈奴为患，内有异姓诸侯王造反。汉景帝时期，同姓诸侯王也叛乱了，外戚成了挽救天下的不二人选。窦婴、卫青、霍去病，纷纷登上历史舞台，后来甚至外戚霍光还决定着皇帝的废立，汉成帝更是一手将王莽推上历史舞台，也由王莽葬送了刘家的江山。

外戚与外戚之间，往往也不那么和睦。汉宣帝母亲王翁须之兄王武，有一个儿子叫作王商，在汉成帝朝做丞相；而汉元帝皇后王政君的哥哥王凤，在汉成帝朝担任大将军。不料，丞相与大将军之间仅因为一场谣言，产生了矛盾。

西汉长安城靠近渭河，有一次，有人传言渭河即将发大水，老百姓人心惶惶。汉成帝召集文武大臣商量对策，大将军王凤建议赶紧让皇帝、太后等躲到船上，时刻准备撤离，大臣们也赶紧回家收拾东西，再通知老百姓登上城墙。大家慌作一团，只有王商淡定自若，他说："自古以来，再无道的国家，也从没被大水淹过，况且发大水这个事情事先没有任何人汇报，也没有任何预兆，一定是谣言。此时皇上如果离宫，整个长安城还不乱成一团？"汉成帝认为他说的有道理，就留在皇宫里，稳定民心。过了很长一段时间，风平浪静，谣言不攻自破。汉成帝表扬了王商洞察事情的能力，而大将军王凤却觉得王商没有给他面子，使自己下不了台。后来王凤家的一个亲戚在外地做官的时候犯了错，丞相王商要治他的罪，王凤跑去求情，王商不肯，王凤便怀恨在心，给汉成帝汇报王商生活作风有问题。汉成帝认为这种事情说不清楚，未予理睬。后来王凤又假借天上发生日食，嫁祸王商，指责王商的人多了，汉成帝迫于压力，就罢免了王商丞相的职务。

上述故事记录于《汉书 · 叙传》中，史书用八个字来评价王商："乐（lè）昌笃实，不桡（náo）不诎（qū）。""乐昌"指的是王商被封为乐昌侯，"桡"就是屈服，"诎"就是弯曲。这句话的意思是王商人很实在，有着不屈不挠的性格。后人从这里引出"不屈不挠"这个成语。

王商被免职三天后，吐血而亡。纵使心中有万千委屈，也抵不过帝王的一道圣旨，这个不屈不挠、沉着淡定的丞相，正如一瞬的烟花，与其说输给了西汉末年的夜晚，不如说输给了自己的绚烂，还有那个时代的灯火阑珊。

尸位素餐

汉朝的最佳辩手

西汉时期，鲁国有一位叫朱云的人，年轻时行侠仗义，疾恶如仇，四十岁突然一改风格，开始学习《易经》《论语》。当时华阴代理县丞给皇帝推荐朱云，说此人文武兼备，可以胜任朝中御史大夫。汉元帝召集大臣商议，太子少傅认为，朝中御史大夫何等重要，一个平民朱云，不经考核，没有试用，如何能胜任？华阴代理县丞越级干预工作，是什么居心？因此并未让朱云得到任用，华阴代理县丞还因此获罪。

汉元帝时期，儒学已经是当时的主流思想，汉元帝宠信儒学大家五鹿充宗，当时朝堂上的儒学研究者无论是学识还是口才都无法与其辩论。这时，又有人推荐朱云，汉元帝召朱云入朝，朱云声音洪亮，逻辑清晰，五鹿充宗接连被驳倒。汉元帝十分高兴，任命朱云为博士（掌管书籍文典、通晓史事的官职）。当时中书令石显专权，丞相韦玄成不闻不问，朱云弹劾丞相，但反被韦玄成诬陷下狱，处罚他服五年兵役，白天站岗，晚上修长城。

汉成帝继位时，朝政愈发混乱，此时朱云已经解禁，不甘寂寞的他，再一次面见皇帝，神情刚毅地说："今朝廷大臣上不能匡主，下亡（wú）以益民，皆尸位素餐！"成语"尸位素餐"来源于此。

意思是现在朝廷的大臣们都是占着位置不做事情，白吃饭的人。骂完群臣后，朱云接着说："我请求皇上给我一把尚方宝剑，我先杀一个不干活的人。"汉成帝问他："你要杀谁啊？"朱云回答："就是你的老师张禹！"汉成帝一听勃然大怒："你一个下级小官，竟敢侮辱我的老师，拖下去，砍了！"旁边的人赶紧去拉开朱云，朱云大义凛然，抱着宫殿上的栏杆不走，大声喊道："微臣如果因为劝谏陛下而被杀，那我也是个忠臣！"旁边的将军辛庆忌赶紧跪下磕头到流血，对汉成帝说："朱云这个人一向出言不逊，请陛下宽恕他。"汉成帝怒气消了后，并没有为难朱云。因为朱云情绪激动，把宫殿的槛（jiàn）（槛，宫殿的栏杆）都弄坏了，有人要给皇帝换新的，汉成帝说："不要换了，把旧栏杆重修一下，用旧栏杆来表彰那些敢于说实话的君子吧！"（"折（shé）槛"典故出自于此）

大难不死的朱云，晚年不再担任官职，住在鄠田（今陕西西安鄠邑区）。后来薛宣做丞相，与他见面，说道："您在田野之间也没什么事，不如留在我府上，可以看见天下人才。"朱云淡淡地说："你想让我做你的幕僚？"薛宣一阵脸红，不再提及此事。

朱云七十多岁去世，嘱咐家人从简入葬，家人遵从，将他埋在平陵（汉昭帝刘弗陵墓，今陕西咸阳秦都区平陵乡大王村），这个敢于弹劾皇帝老师的人，最终留下一丈五尺的小坟，无人知晓。

千夫所指

敢揭穿皇帝谎言的人

西汉哀帝继位之初，立志整顿江山，恢复强汉。他命大将军霍照统领10万大军征讨边疆，得胜而归，并将有野心的外戚王莽赶出长安，一切似乎朝着好的方向发展。但是汉哀帝后劲不足，贪图享乐远比励精图治简单，他开始懈怠。此时，汉哀帝身边还多了 个男宠，叫作董贤。董贤生得俊俏，巧言令色，汉哀帝常常将他带在身边，极尽宠爱，江山社稷、列祖列宗、黎民百姓，统统被置之脑后。董贤的父亲、岳父、内弟均获得官职，他的妹妹做了昭仪（后宫嫔妃），汉哀帝还给董贤修建了一座高档别墅。

汉哀帝觉得对董贤还不够好，想封他为侯爵，但是根据国家制度，封侯是要有功劳的，董贤身无寸功，所以汉哀帝要为他创造机会。当时有人在祭祀时诅咒汉哀帝，准备发动宫廷政变，被人告发。汉哀帝派人迅速平定，随后要论功行赏，有人为迎合皇帝，把告发的功臣定为董贤，起草了一份诏书，加封董贤为侯爵。丞相王嘉站出来戳穿了皇帝的伎俩，斥责董贤无功，汉哀帝没办法，给董贤封侯的事只好作罢。后来汉哀帝的祖母去世了，汉哀帝故伎重演，谎称祖母留下遗诏，加封董贤。王嘉再次拒绝了皇帝，上了一道奏章，这样写道："董贤这个人挥金如土，骄奢淫逸，所谓千人所指，无病而死。希望陛下考虑到祖宗创业艰难，不要再和董贤一起厮混了！”成语“千夫所指”由此得出。汉哀帝看完后大发雷霆，将王嘉打入天牢。其他大臣纷纷求情，王嘉大义凛然地说：“我身为丞相，位列三公，却没有尽职尽责，让皇帝胡作非为，就应当斩首！”说完走出大殿，坐上马车，去掉车棚，直奔大牢。在狱中，王嘉绝食二十多天，呕血而死。

王嘉的故事出自于《汉书·何武王嘉师丹传》。王嘉死后，大司马丁明接过他的遗愿，反对董贤，被汉哀帝训斥，免其官职。此时，再也没人阻止汉哀帝堕落了，他将22岁的男宠董贤封为大司马，百官都必须通过董贤才能给皇帝汇报工作，纵欲过度的汉哀帝仅仅在位七年就驾崩了，葬于义陵（今西咸新区周陵街道南贺村）。

汉哀帝死后，那个被他赶出长安的王莽又杀回来了，他借用太皇太后的诏令免去董贤的官职，董贤失去了保护伞，选择自杀。经此闹剧后，西汉的江山彻底走向衰亡，王嘉的铮铮谏言，刘欣的肆意妄为，董贤的恩宠一时，都成了西汉王朝的葬歌。

背信弃义

南北朝第一明君

宇文邕是北周文帝宇文泰的第四子，南北朝时期北周的第三位皇帝，于公元560年在长安继位。他雄才大略，改革制度，是南北朝苻坚之后，第二个有机会统一中国的少数民族君主。

宇文邕登基后，把目标定为消灭北齐，统一北方。为此他先集中精力搞好内政，增强国力。当时北齐国力已是江河日下，渐渐失去了在经济上和军事上与北周对抗的实力。宇文邕于公元563年联合突厥出征北齐，屡屡获胜，攻占北齐20多座城池。后因突厥撤兵，北周军队孤军奋战而失败。

这次失败使宇文邕摸清了双方的实力，决定继续增强北周的国力，但掌握国家的权臣宇文护像一座大山挡在他亲政的路上。宇文邕决定先除掉宇文护，扫清障碍。召集大臣商议后，于公元572年，设计在太后宫里杀掉了宇文护，迎来了亲政。

亲政后的宇文邕于公元575年，率十八万大军讨伐北齐，接连攻克了北齐30座城池，最后因自己生病不得不放弃进攻，班师回朝。这次战争使得北齐元气大伤，再也无力与北周抗衡。公元577年，宇文邕再次出兵，很快攻下邺（yè）城，灭掉北齐，统一了北方。

在灭掉北齐时，宇文邕让人写了一篇檄文，昭告天下。檄文内容如下：我们的国家经过常年战乱，百姓渴望和平，如今朕坐镇天子庙堂，用德行征服不顺从的国家，齐国国君，背惠怒邻，弃信忘义。朕摧毁了他们，他们的王公贵族伏倒两侧迎接我们，朕将所得的财物赏赐给部下。昔日汉高祖约法三章，如今朕也废除齐的严刑峻法，会将恩泽延续到新的土地上！

这篇檄文表现出宇文邕的豪情，成语“背信弃义”从这段檄文中得出。可惜一代英主宇文邕在后来亲征突厥的时候病倒，随即驾崩，享年45岁，葬于孝陵（今西咸新区底张街道陈马村），没能统一天下，留下诸多遗憾。

宇文邕的一生，清除权臣，统一北方，抵御突厥，打击士族，波澜壮阔，却在盛年时画上句号，遗恨无穷。他的故事从远方道来，历经中华史的沧桑，演绎南北朝的兴衰，宇文邕之后，短短数年间，更为宏伟的隋唐帝国，正向历史缓缓走来……

尽忠报国

北周最后的坚守人

南北朝时期，有一个人叫颜之仪，幼年聪颖，博览群书，曾写过一篇《神州颂》，文辞极为华丽，被梁元帝称赞，并表示这是他一直想寻求的才子。当时北方的西魏强大，率军攻占南梁，颜之仪被带到长安。后来北周取代西魏，北周明帝欣赏颜之仪的才华和品行，让其做官，到了北周武帝宇文邕的时候，任命颜之仪做太子宇文赟（yūn）的老师。

宇文赟继位后，加封颜之仪为公爵，征讨吐谷（yù）浑时，颜之仪多次劝谏君王的过失，再次被奖励，作为朝廷的模范让其他人学习。

宇文赟死后，北周政权悄然发生变化，朝中大臣伪造圣旨，让外戚杨坚做丞相，把控朝政。颜之仪知道杨坚的野心，拒绝服从命令，并训斥这些人说："先皇升天，新继位的天子还很年幼，辅政大臣应该由宇文家有才能的人担任，你们这些人备受朝恩，当思尽忠报国，奈何一旦欲以神器假（jiǎ）人？"这句话的意思是你们拿着朝廷的俸禄，应该报效国家，怎么能把大权让给一个外人呢？大臣们看颜之仪很难说动，就代他签了名。杨坚顺理成章成为北周的丞相，他找到颜之仪，让他交出皇帝的玉玺，颜之仪大义凛然地说："玉玺是天子之物，你一个做丞相的要它做什么？"杨坚很生气，准备杀掉颜之仪，但又考虑到这个人在长安城非常有名望，只好把他贬到外地去了。

后来杨坚果然篡权，取代北周建立隋朝，想起颜之仪的铮铮铁骨，下诏将他调回大兴城（长安城），任命他为集州（今四川南江县和通江、旺苍二县部分地区）刺史。颜之仪管理得当，特别是让少数民族很信服，受到当地百姓的拥戴。公元586年，年事已高的颜之仪回朝，杨坚赐予御座，称赞他说："危难时刻，不顾性命，在大是大非面前不为所动，很少有人能做到，你是真正的忠义之人。"此后，颜之仪辞掉官职，在家颐养天年。

颜之仪的故事记录于《北史》和《周书》，他在北周时训斥大臣"备受朝恩，当思尽忠报国"的话被总结为成语"尽忠报国"。后来因为岳飞母亲在儿子背上刺有"精忠报国"四个字而家喻户晓，今天我们还常常用这个成语来表示竭尽忠诚，热爱国家。

古人若出生于农户之家，下田耕作养家糊口；若出生行伍，精忠报国光耀门楣；如果出生公卿，垂拱君王出谋划策。在江山社稷危难时，挺身而出，毕竟高节是如此的珍稀，就像颜之仪的不屈，丹心长熠。这是他的命，也是历史的使命。

楷模

托塔李天王的前世今生

唐代是一个武功强盛、开疆拓土的时代。大唐历史上猛将如云，他们用自己的谋略和胆识弯弓射雕、建功立业！唐初李靖是所有人中最亮的那颗将星。

李靖是咸阳三原人，官宦世家，从小与舅舅韩擒虎（隋朝名将）讨论兵法，很多见解令韩擒虎大为惊讶。而他自己也说："大丈夫如遇明主，就该建功求富贵，怎能满足做个寻常小吏！"年轻的李靖到大兴城（长安城）时，宰相杨素对他评价颇高，传说连杨素家的侍女都为之倾心，竟然连夜和李靖私奔。隋末李渊起兵，在长安俘虏了李靖，临刑被斩时，李靖高呼："唐国公举义兵，天下未安定，怎能杀壮士？"李世民欣赏他的胆识，招至帐下。此后，李靖跟随李世民平定洛阳王世充，崭露头角；少数民族首领冉肇（zhào）叛乱，李靖率八百壮士奇袭冉肇，又巧妙布下伏兵，平定叛乱；梁王萧铣（xiǎn）割据江陵一带，李孝恭与李靖率领巴蜀兵顺流而下，策反了萧铣的部分州郡，攻破江陵；公元621年，李靖征讨岭南，连下九十六州，南方之地纷纷归唐。在李靖平定了辅公祏（shí）的反叛后，李渊对他的军事才华赞赏有加，称历史上的韩信、白起、卫青都比不上李靖！

唐太宗继位后，当时西北的少数民族突厥和吐谷浑经常骚扰边境。唐太宗任命李靖为行军总管，率兵北征，李靖仅仅带领铁骑，出奇制胜，灭掉东突厥、吐谷浑，立下赫赫战功，升为尚书仆射。此时的李靖，文韬武略，出将入相。

李靖看到天下基本平定，百姓安居乐业，就写了一封奏章，说自己年事已高，应该让位给年轻人。唐太宗看了李靖的奏章，言辞十分诚恳，位居高位又急流勇退，内心很是感动，同意了李靖的请求。第二天，唐太宗派人向李靖传旨说："从古至今，很多人都没有自知之明。有些人本来没什么才能，还贪恋权势，我同意你辞官回乡，不仅成全你的志向，更重要的是想把你树为一代楷模，让后人学习。""楷模"这个词由此得出。

李靖的故事被后来的文学作品多次提到，唐末传奇小说《虬（qiú）髯（rán）客传》中，李靖和张虬髯、红拂女合称"风尘三侠"。当时无论官方还是百姓多为李靖修庙供奉，他逐渐被神化。明朝两部经典小说《封神演义》和《西游记》都有李靖的故事，托塔天王的美名也传遍寻常百姓家。如今他的故事变成昭陵旁陈旧的容颜，那是征讨诸侯的一马平川，那是北上突厥的风雪漫山，那是青衣长剑的鞍马向前，那是誉满长安的踏歌而还。

宠辱不惊

大数据的创始人

明朝修身养性的语录集《菜根谭》中，有一句名言：“宠辱不惊，闲看庭前花开花落；去留无意，漫随天外云卷云舒。”意思是说，为人做事能视个人荣辱如花开花落般平常，才能不惊；视功名去留如云卷云舒般变幻，才能无意。这句话被很多人奉为座右铭，其实它来源于唐朝一位精通大数据的官员。

唐太宗时期，秦州参军卢承庆到长安汇报河西（甘肃、青海一带）军情，我方步兵多少人，骑兵多少人，敌方主将、副将，所用武器、战马等所有数据，他一一道来，唐太宗觉得这个人很厉害，就让他在长安做官。后来，唐太宗问及历代户口的事情，卢承庆从夏商周到北周、隋朝，将所有朝代的户口制度讲了一遍，还陈述了不同时期人口的增减数量及原因。为此，唐太宗提拔他为兵部侍郎。卢承庆觉得自己资历不够，唐太宗很喜欢这个分析大数据的人，对他说：“朕相信你，你为什么不相信你自己呢？”

有一位官员在运官粮的过程中翻船了，粮食掉进了河里，卢承庆对他的工作进行考核，给了一个差评。这个运粮的官员收到这个评价后，一点也没有生气，该工作工作，该吃饭吃饭。卢承庆觉得这个人心胸宽广，就把差评改成了中评。去掉差评后，这个运粮的官员没有高兴，也没有失望。卢承庆觉得此人不简单，在评语里写了四个字“宠辱不惊”。卢承庆大数据的概念涌上心头，派人去调查他翻船的原因，原来是因为大风把运粮的船吹翻了，不是人为犯的错误。卢承庆恍然大悟，又给了一个好评，结果这个运粮的官员仍然跟没事人一样。卢承庆与这位运粮官员的故事被记录在《新唐书 · 卢承庆传》里，故事并非耳熟能详，但是成语“宠辱不惊”却流传下来。

卢承庆此后在官场上起起落落。在唐高宗年间，曾被免职过，也做过地方刺史，甚至官至宰相。他生前荣耀，死时告诫儿子说：“生死人之常情，我死后，用普通的服饰装殓，你们祭祀我用些粗茶淡饭即可，不用杀生；坟墓可以辨认就好，不用占用很大的地方，也不要特意挑选日子，准备好就下葬；至于陪葬品，用些简单的瓷器，墓志上写明姓名官职，生卒年月，那些盖棺定论的漂亮话就省略吧。”

卢承庆的一生宠辱不惊，让你我身处世俗红尘的人惭愧。时光如梭而忙者自促，风花雪月本闲而劳忧者自冗；泰山崩于前，尊重它的崩溃，海水乱于前，亦尊重它的狂乱。正如功名利禄随天外云卷云舒，这样，终会得泰山之敬、海水之仪、繁花之意。

煮粥焚须

谁是大唐情商最高的将领

公元655年，唐高宗李治急匆匆地宣召宰相李勣到大明宫，皇帝只问了他一句话："朕想立武媚娘为皇后，朝中长孙无忌、褚遂良全都反对，你怎么看？"李勣淡淡地说："此乃陛下家事，又何须询问外人？"李治对这个回答非常满意。

此时的李治其实面对着重重压力。李世民去世时，让长孙无忌辅政，朝中宰相除李勣外，几乎都是长孙无忌的亲信。李治的皇权与长孙无忌的相权发生了严重的冲突，废掉原本的王皇后，立武媚娘为后只是这件事的外在表现。李治遍观朝中大臣，唯有李勣可以利用。李勣戎马一生，早年参加瓦岗寨起义，追随李密征战，立下了汗马功劳；归顺大唐后，跟随唐太宗李世民征讨王世充、剿灭窦建德、平定刘黑闼；在北方，李勣参与灭掉突厥，他还扫平薛延陀（北方少数民族），并亲自指挥军队攻陷高句丽，实现了隋炀帝、唐太宗都没有完成的功业。

李治一边培养自己的党羽，一边打击宰相集团，长孙无忌、褚遂良纷纷倒台，或被贬，或被杀，而李勣寿终正寝，他的谋略与人品值得细细研究。

李勣是一个很讲义气的人，当初李密和他一起投奔唐高祖李渊，后来李密反叛被杀，李勣不顾李渊愤怒，坚持要安葬李密，以报当年追随之恩，时人纷纷称颂。作为将领，他极为低调，所得赏赐也都尽数分给下属。当了宰相后，他并不忘贫贱生活，有老乡到他家串门，李勣邀请他吃饭，这位乡亲吃饼时，只吃中间有肉的部分，把两边撕掉丢弃，李勣看不过去，告诫他说："年轻人，这块饼到你嘴边，需要农夫犁地两次，然后播种，几个月后才有收成，磨成面粉，再制作成饼。你现在如此浪费，如果在皇上面前，就要杀你的头啊！"

李勣的姐姐生病卧床，李勣十分担忧，亲自为姐姐烧火煮粥，火势太大，烧了胡须，他姐姐劝他："你现在贵为宰相，手下有那么多仆人，何必亲自为我操劳？"李勣深情地说："我年纪大了，胡子也白了，以后像这样为姐姐煮粥的时间不多了，所以我很珍惜。"

李勣出色的战功和完美的人格被后世不断演绎。清代《说唐演义全传》中，李勣变成出谋划策的徐茂公。今天李勣的墓已经变成礼泉昭陵博物馆，守护着英国公的魂魄，那些谋略恍然如昨，那些品德光华灼灼，点一盏灯火，映出东北的高句丽，北方的薛延陀，还有瓦岗寨上的烽火，九嵕山下的功过，都成了斜阳一抹，朝夕花落。

执法如山

敢向公主下判决书的人

唐代，长安城有一位奇人叫李元纮（hóng），年轻时做事谨慎，被朝廷授予泾州（今甘肃泾川北）、雍州（今陕西凤翔）等地的官职，在地方上任劳任怨，政绩突出。后因为一件事情得罪权贵，彻底改变了他的人生轨迹。

公元706年，权倾朝野的太平公主到雍州游玩，在一座寺庙里烧了炷香，叩拜完毕，离开寺庙的时候看见一座磨盘，质地上乘，周围刻着精美的花纹，太平公主十分喜欢，未经寺庙同意，就吩咐人准备搬回长安城。寺庙的住持不敢当面阻拦，就一纸文书告到雍州司户李元纮那里。雍州司户是一个比七品还小的官员，但是李元纮是个不畏强权的人，受理了这个案子。经查实，这座磨盘的确是属于寺庙的财产，判决太平公主归还磨盘。

这一判决，吓坏了李元纮的上司雍州长史窦怀贞，窦怀贞寻思：太平公主是武则天和唐高宗李治的女儿，是当今皇帝唐中宗的妹妹，在朝中一手遮天，巴结都还来不及呢，怎么能冒犯呢？他立刻命令李元纮将磨盘判给太平公主，李元纮非常气愤，当即在原判决书上又写了八个字："南山可移，判不可摇。"南山就是长安南的终南山。这句话的意思是即使终南山可以移动，我这个判决也绝不能更改！成语"执法如山"由此得出。不久之后，太平公主觉得自己理亏，迫于民意，将磨盘还给了寺院。

《新唐书 · 李元纮传》记载，李元纮因为"执法如山"的事家喻户晓。唐玄宗登基后，将他提拔为万年（隋唐长安城以朱雀大街为中轴线，朱雀大街以东为万年县管辖，后改名为咸宁县）县令，因为表现出色，擢升为京兆尹（首都市长）。有一项工作是负责疏通长安及周边的河渠，当时很多贵族在河渠上修建工程，引渠水到自己家，渠水不能流入百姓的田地，百姓敢怒不敢言。李元纮捣毁贵族的引流工程，百姓深为感念，他也因此晋升为侍郎。后又官至宰相，公元729年，唐玄宗免去李元纮的宰相之职，外放为曹州刺史。公元733年，李元纮被起复为太子詹事，但不到十日便因病去世，追赠太子少傅，谥号文忠。

李元纮从底层的司户，做到了一国宰相。他并非历史上知名的贤相，也没有引人瞩目的政绩值得铭记，但他不畏权贵，敢作敢为，也恰好遇上了开元盛世。唐玄宗时期宰相众多，史书留下了姚崇的辅政之功，宋璟的王佐之才，张说的文韬武略，也记录了那个特别的李元纮，一个敢向太平公主下判决书的人。

铁石心肠

被叫作『春天』的宰相

隋朝时，颍川（今河南许昌）郡丞叫作敬肃，此人奉公守法，刚正不阿，当事人评价他为“心如铁石，老而弥笃”。成语“铁石心肠”出自于此。

另一个和“铁石心肠”有关的人是宋璟。武则天时期，宰相魏元忠被张易之陷害，张易之拉拢张说作伪证。宋璟义正词严地告诉张说：“人生于世，要讲名节，不能只图利益诬陷好人，我愿意和你一起到天子面前说明情况，即使丢了性命，也能让万世景仰。”张说很是感动，如实上奏，还魏元忠以清白。

唐睿宗时期，太平公主权势滔天，吏部尚书宋璟请求将太平公主迁到洛阳居住，以保住李隆基的太子之位，不料反被太平公主贬到外地。李隆基继位后，欣赏宋璟的正直，提拔他为宰相。宋璟秉公执法，铁面无私，敢于触犯龙颜，唐玄宗李隆基很是忌惮他，以师长的礼仪对他。当时宋璟的叔叔在吏部候选，吏部为了巴结宋璟，打算优先录用他叔叔做官，宋璟得知此事，不仅不允许优先录用，还吩咐吏部选择人才时要多方面考察，不可以任人唯亲。

当时地方官员每年都要向皇帝以及宰相汇报工作，同时也会利用这次机会四处送礼，贿赂京城领导，以求升官。宋璟就到兴庆宫向唐玄宗请奏，要求肃清官场的风气，因此得罪了不少权贵。然而就是这样一位官场硬汉，却写出了极其柔美的《梅花赋》。这篇赋主要讲的是宋璟年轻时科举落榜，在一块倒塌的墙边，看到一株梅花，宋璟感叹如此美好的梅花，却被杂物掩盖，别人又怎能识别呢？但是如果它坚持本性，那也是很可取的。以梅花来劝勉自己和后来的贤人。

晚唐诗人皮日休非常崇拜宋璟，他模仿《梅花赋》，写了一篇《桃花赋》，写序时他评价宋璟“疑其铁肠石心，不能吐婉媚辞”，意思是本来以为他心肠硬，性格耿直，写不出这样婉约清丽的词句，没想到铁汉也有柔情时。当时《桃花赋》一出，轰动天下，序言里面“铁肠石心”也成了宋璟大公无私的表现。

宋璟颇有官声，当时人称他为“有脚阳春”，就是长了脚的春天，去到何处，就会带去温暖。宋璟经历武则天、唐中宗、唐睿宗、唐玄宗四朝，一生为大唐的繁荣做出巨大贡献，辅佐唐玄宗开创“开元盛世”。他为官五十余载，甘于淡泊，毫不苟取。离任时，谢绝宾客。一壶清茶，盈盈几段佳话，人间繁华赏罢，而后两袖清风归家。

西市宝骨

加价买东西的人

唐朝长安城有一处平康坊（今陕西西安咸宁西路以南），坊内有一处菩提寺。唐玄宗时期，宰相李林甫看中这里，就占用寺院的一块地方，作为私人别墅。

李林甫常常邀请菩提寺里的和尚到自己家里做佛事，尤其是每年他生日这天，高朋满座，大摆宴席。有一年，菩提寺里来了四个和尚，在李林甫的寿宴上诵经祈福，其中有一个叫慧明的和尚，业务纯熟，很得李林甫的欢心，得到一个黄金马鞍的奖赏，菩提寺的其他和尚羡慕不已。转眼到了第二年，又是李林甫的寿辰，菩提寺的和尚经过筛选，派出慧明的师兄慧光等人去祈福，慧光的天赋在慧明之上，加上这一年他暗中策划，早已将一套说辞烂熟于胸。到了李林甫宴请宾客那天，慧光口吐莲花，妙语连珠，所有人为之惊艳，李林甫纵声大笑，下令重赏慧光。管家拿出一个箩筐，箩筐里有一个小锦帕，锦帕中包着东西。慧光小心翼翼揣入怀中，道谢离开。回到寺院，众位师兄弟都想看看慧光能得到什么宝贝，慧光满怀欣喜地打开一看，一个手指长的不明物体，颜色暗淡，围观的和尚大失所望。慧光反复查看这件物品，并没有什么特别的地方，但是以李林甫的身份，不至于送一件不值钱的礼物吧。

带着疑问，慧光来到大唐西市，找了一家波斯胡商开的珠宝店，想请这里的专业人士鉴定下这件奇怪的物品。胡商问明来意，慧光将手帕和物品一并给他，胡商一眼看去，大惊失色，用手触摸，用鼻子闻，查看了半天，问慧光："此物品从何而来？"慧光回答："当朝宰相李林甫所赠。"胡商释然："只有天子和宰相能拿出这样的宝物，师傅开个价吧，我要买下来！"慧光心想，这么个不值钱的物品，居然有人买，索性要价高一点，让他还价，脱口而出："一千钱！"胡商哈哈大笑："此件宝物哪能一千钱贱卖呢？"慧光愣了，又不知第二次该如何报价，吞吞吐吐地说："五万钱？五十万？五百万钱吧。"胡商摇摇头："师傅，请以一千万钱将此物卖与我。"慧光不敢相信自己的耳朵，哪有买东西的人自己往上加价的，但对方认定这件宝物，于是将其卖给他。临走的时候，慧光询问胡商："敢问老板，此乃何物？"胡商笑道："师傅乃佛门中人，岂不知这是佛骨舍利啊！"

这就是"西市宝骨"的故事，记录于《酉阳杂俎（zǔ）续集》这本书里。胡商在得到宝骨后，离开了长安城，只留下一段加价买东西的诚信故事。以真诚之心，行信义之事。古往今来，皆是如此，人们除了慨叹波斯胡商爽朗的性格，也会在平康坊和大唐西市留下一段西市宝骨的传奇故事。

前度刘郎

唐代最彪悍的诗人

刘禹锡被称为“诗豪”，唐德宗年间和柳宗元一同考中进士，受到杜佑的器重，一路升迁为监察御史。唐顺宗继位后，宦官专权，政治腐败，原太子侍读王叔文、王伾力主皇帝改革。刘禹锡平日与王叔文交好，王叔文也欣赏其才华，很自然刘禹锡加入改革团队。

改革进行了不到一年，触动了官僚集团的利益，唐顺宗被赶下台，领导改革的王叔文被赐死，王伾被贬后病亡。刘禹锡与柳宗元等八人先后被贬，当他们走到江陵（今湖北荆州）时，朝廷再贬他们到连州（今广东连州）。这就是历史上著名的“二王八司马事件。”

十年之后，朝廷有意启用当时被贬的这些人，让柳宗元和刘禹锡等人返回长安。43岁的刘禹锡豪情不减，来到长安城的玄都观（今陕西西安南二环朱雀桥南），提笔写下了《游玄都观》的诗：

紫陌红尘拂面来，无人不道看花回。

玄都观里桃千树，尽是刘郎去后栽。

自己十年前在长安的时候，玄都观里根本没有这些吸引人的桃花，十年后，全部盛开。这首诗表面上是写观看桃花的情景，但是诗的最后两句明显用桃树指代新的掌权者，老夫在长安时，你们趋炎附势，我走了，你们全部上台。这首诗给刘禹锡惹了麻烦，一些好事之徒在皇帝面前状告刘禹锡，刘禹锡再次被贬为连州刺史。此后又去往四川、安徽等地，前后十四年。公元828年，刘禹锡再回长安，此时，皇帝已经由唐宪宗、唐穆宗、唐敬宗到了唐文宗。57岁的刘禹锡两鬓斑白，这一次他又来到玄都观，还具有很强的战斗性，写了一首诗《再游玄都观》：

百亩庭中半是苔，桃花净尽菜花开。

种桃道士归何处？前度刘郎今又来。

昔日繁华的玄都观，如今人迹罕至，宽敞的道观中长满了青苔。桃花荡然无存，菜花竞相开放，当年种桃树的道士身归何处？无人知晓，十四年前在此赏花的那个刘禹锡今天又回来了。当初和自己一起改革的战友们相继故去，那些诋毁他们、贬谪他们的政敌也都已经过世了，我刘禹锡一身豪气，梗着脖子又在此赏花。成语“前度刘郎”由此产生，表示离开了的人又回来了。

今天，隋唐时期的玄都观早已消失，陕西西安南二环朱雀桥西边的墙壁上，后人将《再游玄都观》刻在了这里。刘禹锡的诗句傲视群雄，诗豪的性格划破苍穹，这一世的笔墨写尽千年疏狂。他的眉宇间何曾惆怅，他的真性情又何须隐藏？ 留在《新唐书》里，在历史的灵魂深处久久飘荡。

逢人说项

唐代最敬业的人事经理

唐代文学家杨敬之因为才华出众，受到当时的文坛泰斗韩愈和宰相李德裕的欣赏，他们在不同场合推荐杨敬之，杨敬之凭着自己的才学，加上前辈的推荐做到了国子祭酒这样的官职，心怀感恩的杨敬之自然不遗余力地提拔后来的年轻人。

有一个叫项斯的年轻人诗写得很不错，当时没有名气的诗人多把作品送到各级官员手里，以获得推荐，因为没有门槛，所以鱼龙混杂。杨敬之作为文化圈的掌门人，有一天无意看到了项斯写的作品，觉得是个可塑之才。从此以后，杨敬之在与朋友聚会，在与同僚讨论，在很多场合下都会提到项斯是个很有才华的年轻人，并且还写了一首诗《赠项斯》：

几度见诗诗总好，及观标格过于诗。

平生不解藏人善，到处相逢说项斯！

这首诗的意思是我（杨敬之）多次读到了你的诗总是觉得很好，和你相见后觉得你的气度和品行更高于诗。我一生不愿意藏匿人家的长处，所以无论到哪里，逢人就会推荐你项斯。因为他的大力推荐，项斯的名气越来越大，并在第二年考取了进士。但是令人遗憾的是，项斯的官运却十分坎坷，仅仅做了一些低级别的官职。即使如此，杨敬之“逢人说项”这个典故随着历代文人的推崇而流传下来，并成为推举扶持后辈人的经典案例。

杨敬之在他年老时依然会提携后辈。某一年晚秋，他梦见新科进士的榜单，自己的儿子赫然在列，在儿子后面还有个姓濮阳的人。他梦醒后，细细想来，那个姓濮阳的人，是何方神圣？我一定要把他找出来，为国效力。杨敬之四处打探，无意间在长安的一家旅馆里遇见一位才子，详谈之下，发现这个人正是自己一直找的人，他叫濮阳愿！此人文章精妙，杨敬之给他找到好的学校，并让儿子和他一起学习，还向其他人推荐濮阳愿，不料事与愿违，就在考试前几天，濮阳愿却暴病而死。杨敬之十分悲痛，经过多方努力，才把他的遗骨送回老家福建。

第二年大唐科举考试揭榜，中举的进士欢天喜地，按照习俗都去大雁塔提上自己的名字和籍贯。杨敬之来到大雁塔下散步，抬头看见一连串进士的名字：弘农县的杨戴，濮阳县的吴当……唯独没有濮阳愿的名字。他又想起去年做的那个梦，以及后来遇见的那个风采照人的才子，恍如隔世，感慨万千。

谋略

The Chang'an story

平易近人

姜子牙教你做CEO

西周建立后，周天子将姬姓宗室、上古贤君（黄帝、尧、舜、禹）后裔、建国功臣等分封了71个诸侯国。其中姜子牙战功卓著，封到齐国（侯爵，今山东淄博临淄区）做国君；周公姬旦劳苦功高，封到鲁国（侯爵，都城在今山东曲阜一带）做国君，因为周武王之后继位的周成王年幼，周公便留在镐京辅佐幼主，其子伯禽代他赴任。

伯禽离开时，周公送行，并告诫他："我是武王的弟弟，当今天子的叔叔，按理说，我的地位已经很尊贵了，但是我洗头的时候，三次握起头发；吃饭的时候，三次吐出食物，就是为了接待有识之士，担心人才流失。你到了鲁国，一定要发掘人才，对人谦恭。"成语"周公吐哺，天下归心"由此得出。

五个月之后，姜子牙就从齐国到镐京给周成王和周公汇报工作，看上去一脸轻松。周公问他："您才去几个月，应该有很多基础建设要搞，还有很多事务要处理，怎么这么快就回来了？"姜子牙回答："我去了齐国，把所有烦琐的工作全部简化，所有的部门人员精简，同时，当地的民风民俗不做大的更改，老百姓很拥护，我的工作也变得很轻松。"

三年之后，周公的儿子伯禽才从鲁国到镐京，向周成王和周公汇报工作。周公责备他三年没有音讯，伯禽面带疲惫，解释说："到了鲁国，我按照镐京的礼仪，对他们进行改革，对风俗也进行了转变，因为事情很多，花了很多力气，才把规矩定下来。"等到在镐京汇报完工作，伯禽又急匆匆地赶回鲁国，继续他的改革之路。

姜太公听说了伯禽如此治理国家，感慨地说："鲁国以后一定比不上齐国，治理国家如果不能让流程简单，老百姓就不会依附，平易近民，民必归之。"成语"平易近民"由此得来，当时表示领导者亲近百姓。到了唐太宗时期，按照规定，所有和李世民名字相同的字都要避讳，成语也要修改，"平易近民"变成了"平易近人"，意思也转变为为人处世谦虚、低调。

因为伯禽极力推行西周的礼仪和文化，当时人称"周礼尽在鲁矣"，所以孔子诞生在鲁国也就不奇怪了。鲁国在伯禽后，经鲁桓公、鲁庄公、鲁僖公达到顶峰，他们吞并了周边的众多小国，也占据了曹、宋等国的土地；而齐国从姜太公后，齐桓公姜小白一匡诸侯，成为春秋五霸之首。齐、鲁之间也一度因为争夺东方霸主而多次发生战争，成为春秋时期一段不可磨灭的历史。

马首是瞻

一场有头无尾的战争

春秋时期，晋国和楚国争霸，四处争取小国的支持。西边的秦国当时还未强大，却趁机在晋国边境偷袭并获得胜利，晋国上下认为这是奇耻大辱，将矛头指向秦国。由晋国的栾氏和荀氏两大家族统领兵马，且晋悼公还召集了齐、宋、鲁、卫等13个国家的军队，浩浩荡荡地开往秦国。

当时的秦国没有名臣，更无名将，面对复杂的局势，秦景公先在外交上与楚国达成政治同盟，把妹妹嫁给楚共王，又考虑到诸侯联军劳师远征，所以收缩防线，坚壁清野，并在联军经过的泾河上游投毒，致使大量联军士兵中毒身亡。晋军强渡泾河，联军却停滞不前，好说歹说，才勉强渡河，来到咸林（一说今陕西华县，一说今陕西礼泉）驻扎。秦军靠着辽阔的疆域，继续向西撤退，联军如入无人之境，很快便推进到秦国的腹地。各诸侯国的军队本来只是吓唬秦国，没想着真打，现在晋国长驱直入，粮草不济，很多诸侯国开始打退堂鼓。更重要的是晋国内部还不和谐，栾氏和荀氏两个家族分别掌管着国家命脉，且钩心斗角、党争不断。《左传》记载：荀偃令曰："鸡鸣而驾，塞（sāi）井夷灶，唯余马首是瞻。"荀氏代表人荀偃担任元帅，他决定继续前进，并命令全军："第二天鸡叫时出发，临时搭起的土灶要毁掉，填平周围的水井，跟着我的马头的方向前进。”栾氏代表人大将栾黡（yǎn）对他的做法不以为然，跳出来反对荀偃说：“凭什么看着你的马头？我的马头还向着东方呢！”栾黡根本不理会荀偃的号令，独自带着军队回去了。荀偃眼看军队分裂，且各诸侯国无心恋战，下令撤军。栾黡的弟弟栾针看着两大家族从庙堂斗到战场，心生不快，他觉得此战为报仇而来，如此不战而退，这是晋国的耻辱，便冲入秦军，力战而死。一场声势浩大的伐秦战争不了了之。这便是春秋历史上有名的“迁延之役”。

“马首是瞻”这个成语便从这场战役中得出。“马首”就是马头，“瞻”解释为往前或往上看。成语意思是古代作战时士兵看着主将的马头决定进退，现在多用来比喻跟从某人或依附某人。

“迁延之役”是秦晋两国早期的战争，似乎也代表着未来两国的命运。秦国后来多次被东方诸国围攻，却屹立不倒，而晋国则灭亡于内耗，“三家分晋”将这个古老的诸侯国推向终点。

化干戈为玉帛

史上最赖皮的君主

公元前656年，晋国发生内乱，晋献公听信谗言，迫使太子申生自杀，另外两位公子夷吾和重耳逃到国外，才幸免于难。国内动荡许久，流亡在外的公子夷吾向秦国求救，双方约定好条件，秦国帮助夷吾登上晋国国君之位，继位后，夷吾割河西之地（黄河运城段以西、泾水以东的地区）给秦国。

秦穆公派军队护送夷吾回国，夷吾成为晋国国君，史称晋惠公。继位后，晋惠公面对烦琐的局势，果断地采取了针锋相对的措施：耍赖。他派使者对秦国说："很感谢你们帮我当上国君，本来答应给你们土地，但是大臣不同意，说晋国的土地是历代国君打下的，我做不了主，实在抱歉！"秦国吃了个哑巴亏，非常生气。四年后，晋国发生灾荒，没有粮食吃，晋惠公向秦国购买粮食，秦国的大臣一致觉得，应该趁着晋国饥荒，派兵攻打。秦穆公认为，国君虽然言而无信，但是老百姓没有错，就派了大量的车船从雍城（今陕西凤翔南）运送粮食到晋国。

一年后，秦国发生了饥荒，派人向晋国求助，晋惠公把大臣召集在一起讨论，大臣庆郑说："秦国帮你取得国君的位置，又帮我们渡过难关，现在他们有困难，要全力以赴帮助他们。背施无亲，幸灾不仁。”成语“幸灾乐祸”从这里得出。晋惠公没有听庆郑的话，不仅没有给予人道支援，还率军攻打秦国，秦穆公只能迎战。双方在韩原（今陕西韩城）交手，秦穆公轻松打败了晋军，并且活捉了晋惠公。消息很快就传到了秦国，秦穆公的夫人穆姬知道后十分悲伤，原来晋惠公是穆姬的弟弟。弟弟忘恩负义，但毕竟姐弟一场，她害怕秦穆公一发怒杀掉弟弟。于是，不等秦穆公回来，穆姬领着儿子女儿，登上一座高台，派人在高台四周堆起柴草，准备烧死自己和孩子们。秦穆公看到穆姬这样，问其缘由。穆姬回答说：“大王，秦国和晋国本来是非常融洽的，却不能以玉帛友好相见，而是大动干戈，厮杀不断。现在，您俘获了晋国的国君，如果您一定要把他带回来，那么我今天就自杀，我和孩子们的命就等着您裁决了！”秦穆公非常犹豫。这时有人主张把晋惠公杀掉，有人提议用晋惠公当人质，但秦穆公权衡利弊后，还是放了晋惠公，秦、晋两国终于化干戈为玉帛。

干戈是兵器，玉就是玉器，帛就是丝织品，二者都是上好的礼品，在此解释为重修于好，礼尚往来。如今秦晋古道烟尘已绝，王霸之业的梦想归于长夜，春秋的明月圆了又缺，沉沙的铁戟终成诀别，两个诸侯以玉帛之约，成了史书中又翻过的一页。

一字千金

最成功的图书营销

《战国策》记载了一则关于投资的讨论，吕不韦问他父亲："种地能获利几倍？"父亲答："十倍。"吕不韦接着问："经商能获利几倍？"父亲答："百倍。"吕不韦继续问："如果辅佐一个国君呢？"父亲答："获利太多，无法估量！"

吕不韦靠着自己的聪明才智，在经商的过程中积累了大量财富。他来到赵国，遇见了秦国质子异人。当时秦赵两国常年战争，异人在赵国如履薄冰。吕不韦则认为异人"奇货可居"，便资助他钱财，送上自己的歌姬，并亲自去往咸阳，开始运作，帮异人当上太子。

异人的父亲秦孝文王有二十多个儿子，异人不是长子，他的母亲也不受宠。吕不韦看准了秦孝文王最宠爱的华阳夫人没有生育，吕不韦对华阳夫人说："异人这个孩子在赵国受尽艰难，但意志坚定，没给秦国丢脸，在外多年十分想念夫人，把夫人当作自己的母亲。"最后吕不韦说了一句直戳要害的话："不以繁华时树本，即色衰爱弛后，虽欲开一语，尚可得乎？""繁华"一词，出自于此。这里的繁华指的是"青春年华"，意思是华阳夫人现在还年轻，可以靠美貌吸引大王，但膝下无子，将来大王不在了，新国君继位，还能过得滋润吗？异人按照正常顺序根本不可能当太子，如果夫人帮他登上王位，他做国君以后，一定会万分感谢您的，把您当亲生母亲一样孝敬，您的地位不会受到任何损失。华阳夫人认为吕不韦说得很有道理，就不断给秦孝文王吹枕边风，最终异人被立为太子。

公元前250年，异人即位，是为秦庄襄王，封吕不韦为丞相。秦庄襄王死后，吕不韦辅佐嬴政继续完成称霸天下的梦想。

位极人臣的他，招揽天下有识之士，让他们把各学派思想、各行业著作归纳在一起，合成一部《吕氏春秋》。图书成册后，吕不韦让人把书中的内容挂到咸阳城外，并公告天下，谁能改动书中的一个字，赏赐千金。消息传开，关中有识之士、各诸侯国学子纷纷前来，但没有一人能改动一字，成语“一字千金”从这里得出。

吕不韦后来牵涉到嫪毐谋反的案件中，而被罢免了丞相之职，又因君主猜忌，服毒自杀。这位传奇的人物，在商海中囤积居奇，在宦海中奇货可居，在学海中一字千金，以一人之力改变了战国的历史。而晚年功高盖主，结局已定，只是他有生之年，遗憾未见自己辅佐的秦国一统天下。那个乱世战国，看惯生老病死的吕不韦，纵然数次救秦国于危难，却也清楚人生繁华数十年惘然似烟。

天府之国

最早说的是关中平原

战国时期，有两种主流的外交策略，即“合纵”和“连横”。合纵，联合众多弱小国家进攻强国，比如韩、赵、魏、楚几个国家合纵对付秦国和齐国；连横，一个强国联合另一个强国进攻其他弱国，比如东方的齐国和西边的秦国合作蚕食小国。合纵连横有两个代表人物，一个叫作张仪，一个叫作苏秦，两人均师从鬼谷子。

苏秦出道早，曾不远千里到秦国宣讲自己的政治主张，面对一代雄主秦惠文王，苏秦把秦国夸奖了一番：“大王之国，西有巴蜀、汉中之利，北有胡貉（战国时对北方各族的泛称）、代马（泛指北方边塞地区）之用，南有巫山、黔中（今湖南怀化）之限，东有崤山与函谷关之固。田肥美，民殷富，战车万乘，奋击百万，沃野千里，蓄积饶多，地势形便，此所谓天府，天下之雄国也。”“天府之国”这个成语由此得来，最早说的是关中平原。这个故事记录于《战国策》，但当时的秦惠文王刚刚车裂了商鞅，对纵横家不感兴趣，苏秦被拒之门外。

到了秦末汉初，刘邦打败了项羽，要确定都城修建在何处。他从沛县起兵，手下多是南方人，大家一致认为定都洛阳好，离家较近。但一个叫娄敬的人面见刘邦，提出建都关中，天下可定！刘邦犹豫，张良进言："关中左边有崤山与函谷关，右边是甘肃和西蜀，三面均可防守，中间一片沃野，此所谓金城千里，天府之国也，娄敬所言极是。"张良在地理位置上分析了定都关中的可行性，最终让刘邦下定决心定都长安。这个故事记录于《史记·留侯世家》，"天府之国"再一次被用来形容关中平原。

那么"天府之国"从何时开始变成四川盆地的代称呢？要从一个人——诸葛亮说起！刘备三顾茅庐拜请诸葛亮出山，诸葛亮先对刘备分析了天下大势：曹操挟天子以令诸侯，不可争锋；孙权已立三世，国险而民附，可以作为援助，但不能图谋。既然东边和北边都不能取，就把目光放在荆州和益州两个地方。诸葛亮这样评价益州："益州险塞，沃野千里，天府之土，高祖因之以成帝业。"诸葛亮鼓励刘备说汉高祖当年就是从这里进攻关中，夺取天下的，你也可以照着这个路走。"隆中对"的故事记录于《三国志》中，从这里开始，"天府之国"的称号由关中转移到四川。

如今，每当我们提起陕西、四川这两个相邻的省份，应该想起的不只是纵横捭阖的苏秦、直言进谏的娄敬、运筹帷幄的张良、神机妙算的诸葛亮，更应该想起"天府之国"，这个跨越了千年、纵横于两片土地的美名。

约法三章

史上最有名的一条通知

秦朝末年，起义不断，项梁拥立楚怀王反秦，后来项梁战死，项羽接替其职位，刘邦等义军也加入其中。楚怀王为了不让项羽一家独大，与所有诸侯约定，先入关中者为王。楚怀王派人暗中牵制项羽，让项羽与秦最强的章邯部队作战。刘邦占尽优势，率先夺取武关，秦王子婴投降，献上传国玉玺，秦朝灭亡。

刘邦率领大军进入咸阳城，富丽堂皇的宫殿，倾国倾城的美女，琳琅满目的珠宝，一一展现在面前，奋斗半生的刘邦决定，要在秦朝的宫殿里住下来，享受这一切，而将王朝霸业抛诸脑后。大将樊哙听说此事，进谏刘邦说："你是要争夺天下啊，现在诸侯林立，难道只有这点志向？这皇宫里的财宝、美女都是秦朝灭亡的罪魁祸首，希望你不要重蹈秦朝的覆辙。"但刘邦根本听不进樊哙的劝谏。此时，谋士张良也来劝谏说："秦王荒淫无度，百姓才造反，我们才能来到这里。灭掉秦国后，您应该吸取教训，如果只贪图享乐，那我们和秦又有什么区别？所谓忠言逆耳利于行，良药苦口利于病。希望您能听取我和樊哙的建议。"这个故事记录于《史记·留侯世家》，成语"忠言逆耳"出自于此。

刘邦把秦朝的宫殿封存起来，同时向关中父老颁布了一个告示说："秦朝的法律太严苛，把众位害苦了，应该全部废除。现在我和大家约定，在我刘邦管理期间，不论是谁，只要遵守三条法律就可以了。这三条是：杀人者要处死，伤害别人要抵罪，盗窃也要判刑！"关中父老都表示拥护约法三章。接着，刘邦又派出大批人员，到各县各乡去宣传约法三章。百姓们听了，都强烈支持，纷纷拿着牛羊酒食来慰劳刘邦的军队。这个故事记录于《史记 · 高祖本纪》，成语"约法三章"出自于此。

刘邦此举在关中地区获得广泛的群众基础，与此同时，项羽杀掉顶头上司宋义，在巨鹿（今河北邢台辖县）破釜沉舟，灭掉秦将苏角，俘虏了王离，秦将章邯投降，一战奠定了在诸侯中的地位。项羽带着40万军队杀向关中，此时，一位神秘的人物找项羽告密，泄露了刘邦的动向，项羽怒发冲冠，一场千古流传的饭局即将上演……

鸿门宴

天下第一饭局背后的博弈

今陕西西安临潼区新丰镇鸿门堡村，因为常年被骊山流下来的雨水冲刷，这里的地势像是被劈开的两段，形似鸿沟，北边出口又像一座门，故称“鸿门”。这里，曾上演过历史上千古流传的饭局——鸿门宴。

项羽打败章邯后，进军关中，发现刘邦派兵把守函谷关，项羽轻松攻破函谷关，此时，刘邦手下有个叫曹无伤的人前来告密，说刘邦在关中“约法三章”，想做关中王，秦朝的财物全部归他所有。项羽大怒，扬言要带40万大军攻打咸阳。项羽的叔叔项伯要报答张良之前的救命之恩，连夜去往刘邦军中，劝说张良逃命，张良表示不肯丢下刘邦。项伯又和刘邦见面，刘邦表示没有和项羽争天下的意思，并与项伯约定为儿女亲家。

第二天，刘邦带着樊哙、张良来到项羽军中，解释其中的误会，项羽笑言：“这都是你手下曹无伤从中挑拨的，要不然，我也不会出兵攻打你。”酒宴觥筹交错之间，杀气十足，谋士范增又多次对项羽使眼色，让他杀掉刘邦，项羽迟迟不动。范增让项庄以舞剑为由，趁机刺杀，不曾想项伯起身拔剑，从中阻拦，成语“项庄舞剑，意在沛公”由此得出。形势危急时，樊哙闯入酒席，质问项羽：“昔日怀王约定，先入关中者可称王，沛公进关后并未称王，将秦朝的财物封锁起来，等着您来检阅，沛公是功臣啊，您却想杀他！”项羽觉得很尴尬。刘邦借如厕之名，趁机逃走，鸿门宴结束。

故事很精彩，但疑点颇多，疑点一：曹无伤是刘邦军中的左司马，左司马为掌管军政、军赋的副官，这样重要的职位，一定是亲信担任，而且曹无伤是最早投奔刘邦的一批人，跟随他多次出生入死，况且当时刘邦和项羽同属于楚怀王旗下，并无任何争斗的痕迹，曹无伤没有理由向项羽告密。疑点二：项伯是项羽的叔叔，虽然为了报答张良，但是也没有道理将重大军事机密泄露给刘邦，还和刘邦定为儿女亲家，他不怕留下把柄吗？

在是否杀刘邦的问题上，范增和项羽出现分歧。项羽骨子里是贵族，想着衣锦还乡，范增却谋划着一统天下，所以范增的建议很多都未被项羽采纳。

据传，刘邦离开项羽军营，驾马车时，发现车轮已经被项羽的人损毁，樊哙单手抬着马车飞奔，当他力尽歇息时，发现手上的虎口处裂开了一个大口，血流不止。此后这里的人将此地命名为“豁口”（一说因地形命名）。刘邦示弱后，项羽进咸阳，烧宫殿，杀子婴，秦朝被灭。接下来这些起义军将何去何从，项羽已经做好了打算……

戏亭分封

『三秦』说法的由来

鸿门宴之后，各路诸侯聚于戏亭（今陕西西安临潼区东北戏水西岸），摆在诸侯首领项羽面前的问题很多，诸如胜利果实如何分配？怎样处理秦朝投降的几位将领？最重要的问题是天下实行周朝的封建制还是秦朝的郡县制？

封建制起源于西周，是天子将功臣和同姓叔伯子侄派到各地做诸侯王，叫作“封”，派人在国界边犁一条沟作为国界，叫作“建”，合起来就是“封建”。封建制刚开始实行时还有等级观念，都听命于周天子，到了东周，各诸侯国争霸，周天子形同虚设。

秦统一全国，实行郡县制，全国统一设置地方行政单位，不允许诸侯的出现，形成中央集权。但这样的集权影响最大的就是封建贵族，他们不能世袭，根本利益受到彻底损害。项羽作为楚国贵族，对于秦朝的制度深恶痛绝，所以他起兵后，坑杀秦卒，焚烧宫殿就不足为怪。灭秦后，项羽当然选择封建制。根据《史记》记载，项羽在戏亭否定了义军领袖楚怀王的合法性，认为怀王无治国才能，不能主持戏亭分封，于是将他遣送到长沙，算是排除了一个绊脚石。

另一个让项羽头疼的便是刘邦。刘邦先入关中，按照之前的约定，他应该是关中王，可是关中沃野千里，乃王霸之基业，且刘邦雄心勃勃，将关中给他，无异于养虎为患。此人心怀天下，不得不防。项羽封他做汉王，统领汉中巴蜀各郡。巴蜀道路艰险，人口稀少，是所有人都不愿意去的地方。同时把关中地区一分为三，秦朝的降将司马欣封为塞王，统领咸阳以东至黄河的各郡，都城设在栎阳（今陕西西安阎良区一带）；另一位降将董翳封为翟王，建都高奴（今陕西延安延长县）；章邯封为雍王，统领咸阳以西各郡，建都废丘（今陕西兴平东南）。这三个人将关中一分为三，因此后人将陕西称为“三秦大地”。这三人除了灭秦有功外，更重要的是不让刘邦从汉中返回关中，夺取天下。

项羽一共封了十八个诸侯王，他自称西楚霸王，建都彭城（今江苏徐州）。当时有人给他指出关中的战略优势，但项羽却说：“富贵不归故乡，如衣绣夜行，谁能知道呢？”成语“锦衣夜行”“衣锦还乡”出自于此。

戏亭分封记录于《史记 · 项羽本纪》，项羽的出身背景决定了他选择分封制，在分封的时候他也注意限制刘邦，但对于天下的形势估计不足，贸然杀掉楚怀王，部分诸侯利益不均，个别有实力的人没有得到封王，这些都导致戏亭分封后不久，天下再起纷争。而他最担心的汉王刘邦，正酝酿一场惊天巨变，楚汉之争即将拉开帷幕……

萧何月下追韩信

分别总是在雨天

秦始皇有个爱好，每攻下一个国家，就让人把该国的宫殿记录下来，在咸阳仿造一座。晚年秦始皇更是痴迷于建筑，修建阿房（ē páng）宫、秦始皇陵。由于工程量巨大，秦朝规定，年满17岁的男子，都要服劳役和兵役，除了每年在本县服役一个月，还要在边疆或都城服役一年。

在今江苏徐州，当时称为"沛县"，有一位泗水亭长刘邦，被派往咸阳阿房宫服徭役。从沛县到咸阳两千多公里，刘邦一路看到驰道（古代高速公路）畅通无阻，秦宫殿富丽堂皇。在咸阳，刘邦有幸见到了秦始皇，威严的仪仗让他感慨道："嗟乎，大丈夫当如此也！"

秦末天下大乱，刘邦也卷入其中，并成为一支义军的首领，率先进入关中，但迫于项羽的强大而收起锋芒。项羽进入咸阳后，戏亭分封，并没有对刘邦按功行赏，而是将他分到汉中，做了汉王。刘邦深知自己当时的实力无法与项羽抗衡，因而假意接受，从子午古道去往汉中，并且烧掉栈道，表示不会再回来，以安项羽的心。

在汉中的日子，刘邦积蓄力量，但艰苦的条件和迷茫的未来，让他愁上心头。此时在项羽的军中，一位叫韩信的执戟郎中（警卫员）前去投奔刘邦，做了一名管理仓库的小官。因为一件事，牵连13人都要被问斩，韩信仰天长叹："汉王不是要争天下吗？为什么要杀壮士？"这句话被夏侯婴（刘邦私人司机兼警卫团长）听到，他看韩信仪表堂堂，就释放了他，与他交谈，觉得此人有真才实学，就推荐给了萧何。萧何对韩信十分欣赏，多次给刘邦推荐，刘邦均没有理会。韩信心灰意冷，便策马离开。萧何着急，连夜追赶，当天突降大雨，韩信行程放缓，在今汉中市留坝县马道镇北侧的凤凰山下，萧何将韩信请回。历史上著名的典故"萧何月下追韩信"来源于此。此时，萧何郑重向刘邦推荐韩信做大将军（总司令），史书记载，刘邦斋戒数日，亲设拜将台（今汉中城区拜将台），授韩信大将军印。

刘邦为何在一夜之间，将如此重大的责任交给韩信？史书记载仅仅是凭借萧何的几句言语，刘邦便将军队交于韩信。刘邦南征北战，见多识广，不至于如此儿戏。更深层次的原因是他们三个有着共同的统一天下的路线方针，他们的方针具体是怎样的呢？具体实施又会如何？

明修栈道，暗度陈仓

楚汉战争中的铁三角

刘邦在服徭役的时候，看到秦朝的制度，内心就高度认可郡县制，所以攻下咸阳后，萧何找的第一件东西，就是整个秦朝的户籍，有了它，郡县制就能实行。秦朝的强大源自于商鞅变法，商鞅变法中除了户籍管理外，还有一条很重要的措施就是奖励军功，按照战场上的表现来获得爵位。

刘邦和萧何其实一直把大将军这个位置留着，韩信恰好符合郡县制的所有军事要求。这场郡县制与封建制的斗争中，萧何是总导演，这也是后来论功行赏，萧何排第一的原因。韩信是领衔主演，出尽风头，留下“兵仙”的美名。刘邦则是投资方，获取最大的利益，当上了皇帝。

刘邦、萧何、韩信统一了路线，开始整顿军队，然后实行“明修栈道，暗度陈仓”的策略。陈仓（今陕西宝鸡）是进入关中的必经之路，但关中有项羽所封的雍王章邯把守，此人骁勇善战，不可小觑。刘邦派出大将樊哙带领一万人去修栈道，限期一个月。此举成功吸引了章邯的目光，而刘邦的大军，此时正摸索出另一条不为人知的小道，翻越秦岭偷袭陈仓。章邯得到消息，赶来支援时，为时已晚，被汉军击败，退往废丘等地。汉军越战越勇，在武功县、乾县再败对手，围困废丘，并引水淹城，城破后章邯自刎。戏亭分封的另外两位关中诸侯王司马欣和董翳相继投降，刘邦重新夺回关中大部分的土地。而此时，刘邦仍然很低调地告知项羽，自己仅仅是想得到关中，并无向东挺进的意思。项羽迫于和山东自立为王的田荣争斗，没法脱身，只能默许。刘邦从这里开始，便走上了楚汉争霸的道路，此后在彭城、在荥阳、在垓下，一场又一场的大战，至项羽乌江自刎，刘邦终于成为最后的赢家。

汉朝建国后，刘邦沿用秦朝的郡县制。迫于形势，对于个别战功极高的功臣分封异姓王，同时封了不少同姓王牵制他们。但他有生之年，也在不断灭掉这些异姓王，肤浅地说，他不想为儿子汉惠帝留下隐患；深入地说，异姓王和同姓王都与中央集权、郡县制背道而驰，所以后来文帝、景帝、武帝不遗余力地削藩，推行大一统，那个宏伟的大汉帝国在这样的国策下，一步一步迎来辉煌……

多多益善

韩信的千古奇冤

韩信的人生经历非常励志。早年作为楚国落魄贵族，被市井无赖羞辱，从对方胯下钻过。因为经常蹭吃蹭喝，被人嫌弃。秦末各地起义时，韩信投奔项梁，项梁战死后，又在项羽帐下效力，多次给项羽献计，项羽均不予采纳。后投奔刘邦，与萧何结缘，才出任汉军大将军。韩信率军暗度陈仓、平定三秦、收服魏王、北击陈馀、东进灭赵、降燕伐齐，直到垓下全歼楚军，所向披靡，无一败绩。

刘邦建立汉王朝后，封韩信为楚王，让他荣归故里。可是就从这里开始，关于韩信造反的言论不断出现。当时项羽的部将钟离昧（mò）逃到韩信处，被人告发，刘邦就因此将韩信从楚王贬为淮阴侯，只能在长安城活动。

有一次刘邦召韩信入宫，问他：“像我这样的人能统领多少人马？”韩信回答：“以陛下的能力，可以统领10万人马。”刘邦又问：“那像你这样的将军能统领多少人马呢？”韩信很自信地回答：“我带兵打仗，当然是多多益善了！”刘邦笑着又问：“将军带的人马比我还多，既然这么厉害，为什么还被我制服了呢？”韩信一听，觉得刘邦话中有话，毕恭毕敬地回答：“陛下不能统帅士兵，但善于带将军，这就是我被陛下所控制的原因了。”韩信和刘邦的对话，反映了两人微妙的关系，当然韩信的军事才华也配得上“多多益善”这个成语。

公元前200年，陈豨（xī）觐见刘邦。因其过去是韩信的部将，故也去拜见了韩信。韩信将陈豨引入密室说：“你管辖的地区，有汉朝最精锐的部队，如果有人说你谋反，一次两次，陛下还不会怀疑，如果有三次告发，陛下一定会派兵剿灭你！”陈豨问如何是好，韩信说：“你在外统兵，我在长安做内应，天下可夺取。”后陈豨果然造反，刘邦带兵平叛。韩信本想借陈豨造反时在长安放出监狱里的罪犯和奴隶，响应陈豨，但被人告发。吕后找来萧何商议，萧何假称刘邦平叛成功，大家进宫庆祝。韩信忐忑之下来到长乐宫，被吕后、萧何杀掉。韩信的一生得益于萧何的推荐，又死于萧何的计策，因此有了“成也萧何，败也萧何”的典故。

民间传说，韩信在楚汉之争中功劳很大，刘邦曾答应他，见天不杀、见地不杀、见铁不杀。吕后命人把韩信装在笼子里吊起来，蒙上黑布，派宫女用削尖的竹子刺死了他，做到了不见天、不见地、不见铁。

少年的韩信，剑未配妥，出门已是江湖；青年的韩信，过尽千帆，归来仍是豪杰。他在天下大乱的时候，拔剑问苍天，拼出一个乱世英雄。人生如梦，终究是空，又如何拥有不安的心灵，在王侯将相的舞台上反复跳动。

汗马功劳

行走江湖靠一个『稳』字

公元前202年，刘邦称帝，大宴群臣，酒至微醺，要论功行赏，关于谁的功劳最大，大家争论不休，甚至有些武将在朝堂上直接打起来。

刘邦权衡之后，决定把萧何作为大汉第一功臣，这个决定让很多武将不服。他们说：“我们拼命在战场上搏杀经过百余战，少的也打过几十仗，而萧何没有汗马之劳，只会耍笔杆子，根本没上过战场，为什么他是第一功臣？”古代打仗常用马，战马疾驰疆场，冲锋陷阵，每战都要出很多汗。战斗次数越多，战况越激烈，出汗当然也越多。因此，形容有战功，就叫“汗马”，成语“汗马功劳”由此得出。刘邦对他们的说法提出反驳，举了个例子：“打猎的时候，追杀猎物的是猎狗，但是发号施令的是人，萧何就好比是这个猎人，武将就好比这些猎狗，只是执行罢了。而且其他人只是单枪匹马跟随我，可是萧何，他全家所有人都参加了我们的军队，跟着我一同出力。这么大功劳我是如何也不能忘记的！”大家听了，谁也没有怨言了。

公元前196年，萧何和吕后联合，用计杀掉韩信，此时刘邦正在外面平叛。除掉韩信让刘邦心中一块石头落地，他派人加封萧何食邑五千户，还派了一队人马保护萧何的府邸。很多人向萧何祝贺，只有一个叫召平的人告诉他："皇上在外打仗，居然给你加官晋爵，不是因为你杀了韩信，而是皇上对你起了疑心，所以派卫队来监视你。这个时候你应该拿出自己的全部财产资助前方将士，皇上就消除疑虑了。"萧何按照召平的建议执行，稳稳地度过了一关。

公元前195年，刘邦带兵又去平定英布的造反，期间多次派人回长安打听萧何在做什么。手下有人告诉萧何："你现在功居第一，皇上已经没法再赏赐你什么了，况且你在关中深得民心，陛下多次询问你的状况，明显对你不放心，此时你应该玷污自己的名声。"萧何用低价强行购买老百姓的土地，又让老百姓去刘邦的上林苑耕作。刘邦回来后，大发雷霆，将萧何下狱，考虑到萧何跟随自己多年，忠心耿耿，又放了他。

萧何的晚年几乎是在被猜忌和反猜忌中度过的，这位老者不得不靠着谋略化险为夷。很多人为萧何鸣不平，这位低调、沉稳、忠心的丞相赢得了后世的赞誉，我们也要看到在西汉开国功臣接连倒下的时候，萧何内心的恐惧与日俱增。权术、阴谋、忠臣、美名相辅相成，所有人只在史书里看到萧何风生水起，又何曾知道他一个人走了一段又一段艰难的路。

无出其右

下属集体坑领导的故事

汉高祖刘邦建国的时候，封了很多异姓诸侯王，这些诸侯王虽然对汉朝立下汗马功劳，但是他们割据一方，拥兵自重，成为刘邦的心腹大患。公元前202年，赵王张耳去世，其子张敖继承爵位。虽然他娶了刘邦的女儿鲁元公主为王后，但刘邦仍然视他为眼中钉。

公元前200年，刘邦在一次平定叛乱时途径赵国，张敖作为臣子，又是女婿，穿上粗糙的衣服，亲自侍奉刘邦，不料刘邦不顾礼节，叉开双脚，对张敖一顿责骂。张敖的相国贯高、赵午等人知道赵王受辱，也知道刘邦要杀异姓诸侯王的心思，便规劝张敖，在赵国杀掉刘邦，张敖坚决不从。后来贯高等人私下谋划，欲设下伏兵刺杀皇帝，如果成功了，张敖就做天子，如果失败了，也不连累他。

一年后，刘邦再次路过赵国，贯高等人在柏人县（今河北邢台隆尧西部）的馆驿内暗藏武士，谁知刘邦并没有在馆驿内休息便离开了，行动没有成功，还走漏了风声。刘邦知道后震怒，赵王张敖被抓，带到长安审讯，吕后劝说刘邦，张敖是他女婿，应该不会做出这种谋反的事情，刘邦不信。赵国众大臣均要自尽，被贯高制止："刺杀陛下，赵王没有参与，大家都死了，谁来替他辩白？"田叔、孟舒等十几个臣子来到长安，主动入狱。审讯的廷尉用尽酷刑，贯高只是说："我知道我认罪，代表着我将会被灭族，但如果不认罪，赵王就有危险。但事实就是跟赵王无关，我不能说谎陷害他！"刘邦得知实情后，赦免了赵王张敖死罪，也欣赏贯高等人的忠义，不再追究。当上谕传到天牢，贯高感慨地说："我被刑法折磨成这样，仍然不死的原因，就是为了证明赵王没有谋反，如今赵王被释放了，我的心愿已了。"狱卒要放贯高出狱，被他拒绝了，贯高说："陛下虽然赦免了我，但作为人臣，却想着刺杀君主，还有什么颜面立于天地之间呢？"说完便自尽了。

贯高死后，刘邦亲自接见张敖的赵国大臣。《史记·田叔列传》记载："上尽召见，与语，汉廷臣毋能出其右者。"这句话的意思是刘邦和他们交谈，发现张敖的手下都是学识渊博、性格刚烈之人，刘邦认为，他朝廷的大臣都比不上这些人。成语"无出其右"出自于此，今天我们还常常用这个成语表示没有人能超越。出其"右"是因为周、秦、汉这些朝代，都以"右"为尊。

这场闹剧最终以刘邦心满意足而告终，他是最大的受益者：主谋贯高自杀；兵不血刃地解除了赵王张敖的势力，降为宣平侯；刘邦的小儿子刘如意去赵国做了诸侯王。至于张敖手下那群忠心的大臣，已经无关紧要，虽然纷纷被封官，但他们曾经拥有的世外桃源般的诸侯国，再也回不去了。

萧规曹随

吃饭、睡觉、学萧何

秦朝末年，沛县监狱里的一名工作人员曹参跟随刘邦起义，在战场上多次大破秦军；推翻秦王朝后，又在楚汉战争中平定三秦，同时在剿灭异姓诸侯王中屡立战功。汉王朝建立后，曹参到齐国担任相国，在九年的任期内，齐国社会安定，百姓多有称颂。

汉惠帝继位第二年，丞相萧何病重，汉惠帝非常关切，并亲自探望。询问身后事，两人都把曹参作为最理想的丞相接班人。萧何和曹参同在沛县跟随刘邦，萧何对曹参的赫赫战功很是了解，同时对他的治国才华也心知肚明。而远在齐国的曹参听说萧何病重的消息后，预料到萧何一定会推荐自己，就立刻让人收拾行李，准备回长安上任。

曹参做了丞相后，非常清闲，上朝的时候给皇帝的奏章很少，一切均以萧何留下的制度来行事。退朝以后就吃饭、睡觉、喝酒、找人聊天。别人犯了什么小过失，他也不追究。

时间久了，汉惠帝看不下去了，曹参没有提建设性意见，也不加班，分明是没有把皇帝放在眼里。汉惠帝就对曹参的儿子曹窋（zhú）说："你回去问问你父亲，为何消极怠工，为何对国家大事不闻不问？”曹窋当真回家询问，曹参勃然大怒，以家法惩治了曹窋，并警告他以后禁止猜测国家大事。汉惠帝旁敲侧击未果，便亲自找曹参谈话。曹参不急不躁地问：“请陛下仔细想想，您同先帝比，谁更圣明英武？”惠帝说：“我怎敢同先帝比呢？”曹参又问：“我同萧何比，谁更有本事呢？”汉惠帝说：“您好像不如萧何。”曹参说：“先帝与萧何治国平天下，法规制度已经完备，而且行之有效，我们谨守各自职责，继续执行下去不就行了吗？”汉惠帝方才大悟。曹参任丞相三年，极力主张清静无为不扰民，曹参的无为其实并非庸碌无为，而是不妄为、不乱为、不折腾、不扰民，遵照萧何制定好的法规治理国家，使西汉政治稳定、经济发展、人民生活水平日渐提高。后人就用“萧规曹随”这个成语来比喻按照前人的规矩办事情。

“萧规曹随”虽然为大众所熟知，但曹参其人后世却不太了解。西汉王朝赋予他盛名，曹参治国安邦，不失为一代良相。这些闪光的故事，总有一天会有人讲给大家听，那长安城的相国府中，曾经有过一位睿智的老者，也曾金戈铁马，也曾执掌天下……

汗流浃背

人生无难事，只要肯放弃

汉高祖刘邦临死前告诉吕后：萧何之后，曹参可以接替他治理国家；曹参之后，王陵可以做丞相，但需要陈平辅佐，陈平虽然足智多谋，却不能独当一面；像周勃这样文化水平不高，但忠诚可靠，能打仗的人，将来可以保全刘氏的江山。

周勃和刘邦是老乡，早年跟随刘邦打天下，立下很多战功。建国后，在平定诸侯叛乱之中有卓越的表现。汉惠帝年间，被封为太尉，后来在讨伐吕氏家族中立下大功。汉文帝继位后，被封为右丞相，相权军权集于一身。每当退朝时，一般是皇帝先离开，大臣恭送，但是如果有周勃在朝堂上，退朝时，汉文帝要目送周勃先离开。时间一长，大臣袁盎就问汉文帝："陛下以为周勃是个什么样的人呢？"汉文帝说："社稷之臣也！"袁盎说："当初吕后专政的时候，刘家王朝已经奄奄一息，周勃就是太尉，掌管兵权，那个时候他为什么不匡扶天下？后来吕后死了，大家都说我们要恢复刘家天下，他才站出来，不过是顺应形势，怎么能算社稷之臣呢？只能是功臣。"史书记载，汉文帝从此对周勃的态度有了很大转变，转变的原因其实是皇权和相权之争，相权越大，皇权就受到威胁，所以表面上汉文帝对周勃恭敬，实际上他早就想拔掉这颗眼中钉。

某一天，汉文帝找来周勃，问他全国一年要审理多少案子。周勃本是武将出身，这个问题把他问懵了，只能回答："不知。"汉文帝又问："国库一年收入多少，又支出多少呢？"此时周勃才反应过来，皇帝专挑他不熟悉的领域问，有意刁难，而且近期皇帝对他已经不如从前了，主疑臣，则臣必死。周勃又两次回答："不知。"《史记 · 陈丞相世家》记载：周勃汗出沾背，愧不能对。汗水多得把脊背的衣服都弄湿了。"愧"有两种解释，一是羞耻、惭愧，二是不安。成语"汗流浃背"由此得出。汉文帝又找来左丞相陈平，问他同样的问题，陈平说："廷尉负责审理案子；内史负责做财务，把他们叫来问一下就知道了。"汉文帝问陈平："既然他们都把工作做了，那你这个丞相管什么事情呢？"陈平胸有成竹地答道："丞相的职责，对上辅佐天子，对下安抚百姓，同时管理好官员。"汉文帝对陈平的回答很满意。经历了这场风波后，周勃痛定思痛，辞去丞相的职务回到自己的封地，后又因被人诬告谋反而下狱，几经辗转，才被放出。

其实，汉文帝与周勃无所谓谁对谁错，皇权与相权本就是此消彼长，不可调和。我们印象中的周勃，应该是兵临城下厮战沙场，或是白衣卿相权倾庙堂，只是后来变成了权力的牺牲品，从此不再名扬，独守远方。

流言蜚语

窦婴的赌博人生

汉景帝时期，窦太后掌权。窦太后想着景帝百年之后，由自己的小儿子梁王继位。景帝不想得罪太后，就在一次酒后许诺传位于梁王，遭到窦氏外戚窦婴的反对，他认为父死子继是传统，兄终弟及是祸根，因此得罪了窦太后。此事表面上显示出窦婴坚持原则，其实窦婴看准传位梁王的事根本行不通，他把赌注压在汉景帝身上，汉景帝从此视窦婴为心腹。

汉景帝立长子刘荣为太子，窦婴又将赌注压在太子身上，成了太子的师傅。但宫廷斗争远比想象中的可怕，长公主和王美人经过一系列的策划，将刘彻推向太子的位置，刘荣惨败，窦婴多次劝阻汉景帝，都被驳回。

刘彻当了皇帝，史称汉武帝，王美人成了太后。王家的外戚迅速上台，王太后的弟弟田蚡登场，宫廷夺权开始。在汉武帝及王太后对田蚡的支持下，窦婴很快败下阵来，赋闲在家，朝中的大臣纷纷倒向田蚡，只有灌夫一直跟随窦婴。田蚡办婚宴，邀请朝中大臣前去庆祝，酒席上，田蚡向众人敬酒，大家纷纷起身离开自己的座位，表示尊敬；窦婴也向众人敬酒，很多人假装没看到，不理睬窦婴。灌夫很生气，趁着酒劲，在席间为窦婴打抱不平，破口大骂，被田蚡扣留。窦婴便去未央宫找汉武帝，请求给灌夫一次申诉的机会。汉武帝召集众大臣听窦婴为灌夫说情。王太后知道后训斥汉武帝说："我还活着，我的弟弟田蚡就被人欺负，如果我不在了，不知怎样欺负我的家人。"汉武帝下旨要把灌夫杀掉。窦婴一听，决定再赌一把，他拿出汉武帝的父亲汉景帝给他的诏书，这封诏书上写着允许窦婴在朝廷中做事随机应变。

诏书一出，朝廷哗然，汉武帝让档案馆的人查阅，官方并没有记载汉景帝给窦婴留下过这样的诏书，即使有记录，相信此时汉武帝也不会公之于世。有人便指控窦婴欺君，汉武帝杀掉灌夫。史书记载："乃有蜚语为恶言闻上。"意思是有很多关于窦婴的流言蜚语，传到了汉武帝的耳朵里，成语"流言蜚语"由此得来。

窦婴最后难逃被斩首的命运，一代名臣谢幕。关于窦婴和田蚡孰对孰错，两千年来，史官争论不休，大约再过两千年，也难以达成共识。他们是时代的宠儿，也被时代遗弃。窦婴死后仅仅过了一年，田蚡病倒，不治而亡。汉武帝结束了窦氏和王氏掌权的局面，新的外戚卫青、霍去病呼之欲出……

公车上书

相声的祖师爷是谁

相声演员尊东方朔为祖师爷，并不是东方朔说过相声，而是他幽默诙谐，言词机敏，充满了智慧，而这正是说相声的要素。汉武帝年间，曾发出皇榜，召集天下有才能的人到长安做官。东方朔用三千片竹简写了一封自荐书，交给公车（汉代官名，大臣或者其他人要给皇帝的文件都需要公车转交给皇帝）。东方朔在自荐信里写道：自己十三岁开始读书，十五岁学习武术，重情义讲信用，勇敢与智慧并存，身高一米九，只有二十二岁。像我这样的人，应该可以给陛下工作吧！因东方朔的故事有了“公车上书”这个成语。

自荐信交了以后，东方朔拿着微薄的俸禄等待召见，但汉武帝似乎忘了召见他这件事。东方朔心生一计，故意恐吓给汉武帝养马的侏儒：“你们不能种田，也不能打仗，对国家毫无益处，皇上打算杀掉你们！”侏儒们哭着向汉武帝求饶。汉武帝问明情况，召东方朔问罪。东方朔一睹天颜，风趣地说：“陛下如果不愿意重用我，就干脆放我回家，现在我和侏儒拿的俸禄一样多，他们三尺高，我九尺高，他们撑死，我会饿死的。”汉武帝听后捧腹大笑，给他官做。此后，东方朔开始了段子手的生涯。

汉武帝有一次赏赐肉给大家，分肉的官员迟迟没来。东方朔拔出剑割块肉走了。第二天汉武帝问他提前离开的原因，并让他当众检讨，东方朔说：“我检讨自己，拔剑割肉，是豪气的表现；割肉很少，又是廉洁的表现；回家拿给妻子，又是很仁爱的表现。”汉武帝没想到，他反而自我表扬起来了，便索性再送他一些酒肉。

汉武帝在上林苑看见一棵树，问东方朔树名，东方朔回答：“此树叫善哉。”过了几年，汉武帝故地重游，又问他此树的名字，东方朔随口答道：“瞿所。”汉武帝眉头一皱：“东方朔胆敢欺君，为什么此树的名字和上次说的不一样呢？”东方朔才想起言多必失，灵机一动说：“小的叫驹，大的叫马；小的叫犊，大的叫牛；这棵树小的时候叫善哉，现在长大了就叫瞿所。”汉武帝听完哈哈大笑。

当时传说君山（今湖南岳阳洞庭湖中的一个小岛）有美酒数斗，如能喝到，可成为不死神仙。汉武帝派人求得，斋戒七天，准备饮用。不曾想东方朔抢在皇帝之前喝光了所有的酒，武帝大怒，要斩了他。东方朔回答：“假如这酒真的能不死，你就杀不死我；要是没有效果，陛下何必喝它呢？”武帝会心一笑，又放他一马。

东方朔的故事记录于《汉书 · 东方朔传》和《史记 · 滑（gǔ）稽列传》，他诙谐，段子典故信手拈来；他狂放，酒后在皇宫大殿上小便；他敢执戟抗议汉武帝带男宠进未央宫；也敢对皇帝奢侈修建上林苑而劝谏。但皇帝始终把他当作弄臣，东方朔的一生，踌躇满志却怀才不遇，他何尝不想烽烟长河，何尝不想铁马金戈，只是身如闲云野鹤，无奈唱一支短笛牧歌。

房谋杜断

唐朝官场的最佳拍档

“房谋杜断”是古代君王用人之道的典范，房玄龄和杜如晦这两个搭档也是中国历史上智囊配合的巅峰。房玄龄是一位官宦世家的公子，少年时就做了隋朝底层的公务员，38岁时与起兵的李世民一见如故，从此跟随李世民南征北战，在扫平天下群雄建立大唐王朝的过程中，立下汗马功劳。

李世民每攻占一处，众人都争着抢掠府库里的金银珠宝，而唯独房玄龄考虑怎样收揽人才。与房玄龄齐名的杜如晦，就是因为房玄龄的尽力保护，而留在李世民帐下。杜如晦文史兼备，有王佐之才，他和房玄龄是“玄武门之变”的主谋，也是唐朝初年的宰相。他们是“贞观之治”的践行者，也是凌烟阁二十四功臣之一。房玄龄死后配享太宗庙庭，杜如晦死后封为莱国公。房玄龄有名臣风度，杜如晦有良相风格，他们一生勤于做事，不居功，不谋私利。房玄龄从小公务员到王府参军、中书令、梁国公、尚书左仆射、司空，到总领百司，他女儿变身韩王妃，他的儿子和杜如晦的儿子一样是驸马。

《旧唐书 · 房玄龄杜如晦传论》记载：“盖房知杜之能断大事，杜知房之善建嘉谋。”朝廷中许多规章典法，都是他们两人商量制定的，人们把他们两人并称为“房杜”。唐太宗同房玄龄研究国事的时候，房玄龄总是能够提出精辟的意见和具体执行的办法，但是往往不能作决定。这时候，唐太宗就必须把杜如晦请来。而杜如晦一来，将问题略加分析，利害关系一阐述，就立刻肯定了房玄龄的意见和办法。房、杜二人，就是一个善于出计谋、一个善于作决断，所以叫作“房谋杜断”。

公元630年，杜如晦病逝，李世民悲痛不已，三天不理朝政。此后唐太宗每次得到好东西，总是会想起杜如晦，派人赐给他的家人。公元648年，房玄龄病重，太宗让他坐轿入殿，君臣二人相顾泪流。房玄龄临终之际，还劝谏李世民不要征讨高句丽，李世民在病榻前与他诀别。

房玄龄和杜如晦的故事告诉人们，什么是谋划，什么是决断，什么是忠臣义士，什么是时代印记。肃穆的凌烟阁，画像终会斑驳；平静的太液池，会有微风划过。史书以江山为曲，歌尽一场贞观繁华；执年华为笔，写尽一生君臣际遇。

回天之力

痛骂皇帝的大臣

隋末天下大乱，各地义军不断，窦建德的军队攻破景城（今河北沧州一带），抓到一位隋朝官吏张玄素，准备杀死。有人告诉窦建德："张玄素为官清廉，如果杀他，天理不容。"甚至城中居然出现了一千多人，愿意替张玄素而死。窦建德觉得此人不凡，授予官职，但张玄素自称隋朝臣子，不接受他的官职，直到得知隋炀帝被杀，才走马上任。

窦建德落败后，唐太宗李世民特意召见了张玄素，询问治国之道。张玄素回答："隋朝的君主凡事亲力亲为，每天决断的事情太多，难免出现错误。日积月累，国家就危险了。吸取隋亡的教训，应该多用贤才，人才各司其职，皇上只需管理这些人才就好。"唐太宗很赞许他的建议，任他为官。因为其性格耿直，唐太宗让张玄素去东宫辅佐太子李承乾，但是太子顽劣，张玄素多次劝谏没有效果。唐太宗一边责怪太子，一边给张玄素升官。但太子却很讨厌这个唠叨的老师，居然派出刺客暗杀他，身受重伤的张玄素不改本色，继续规劝太子。但是太子李承乾因担心储君之位被废，所以纠结侯君集等人，企图发动政变，逼迫唐太宗退位。结果事情败露，李承乾被贬为庶人，张玄素因为是东宫太子身边的近臣，也连带受到处罚。

张玄素劝谏太子尽心竭力，劝谏唐太宗也不含糊。《新唐书·张玄素传》记载，公元630年，唐太宗想修建洛阳宫，方便东巡的时候居住。张玄素听闻后，赶紧上奏，列举了历史上因为大兴土木而亡国的例子。他认为皇帝如果只想着自己过奢侈的生活，那么就比隋炀帝还要昏庸。唐太宗没想到，张玄素居然拿自己和隋炀帝比，怒不可遏，质问张玄素："你说朕不如隋炀帝，那朕比夏桀、商纣王怎样？"张玄素直言不讳："皇上如果把宫殿修好了，百姓没饭吃，天下大乱，那个时候再和纣王、隋炀帝比较，已经没有意义了，都是亡国之君罢了。"唐太宗冷静下来，觉得自己理亏，对房玄龄说："我修洛阳的宫殿，是为了我们以后到洛阳方便一些，现在张玄素说不修，那就不要修了，反正以后大家到了洛阳，没地方住，就让张玄素给我们搭帐篷。"唐太宗赏赐了张玄素彩帛二百匹，以示劝谏褒奖。

魏征听说这个故事以后，感慨地说："张公论事，有回天之力。"成语"回天之力"由此得出，表示能够挽回严重的局势。张玄素一生，不似武将纵马驰骋，不似谋臣计出前阵，只是作为谏臣，有他独有的铁骨铮铮，在每一次劝谏中，发出最让人信服的人臣之声。

唾手可得

唐太宗的毕生遗憾

唐朝初年，朝鲜半岛的高句丽逐渐强大，并且连接靺鞨（mò hé），结好突厥和契丹。公元644年，高句丽头领盖（gě）苏文掌握政权，囚禁了唐朝使者，并和百济一起攻打新罗国，原因是新罗国向唐朝进贡。

唐太宗召集群臣商议是否出兵高句丽，有人认为不能打，因为高句丽的城市多修建在山地，易守难攻，且军队劳师远征，不能持久，隋炀帝三次征讨高句丽，均以失败告终，要吸取教训。唐太宗已是多年未上战场，年轻时冲锋陷阵的场面历历在目，勾起了他无限的英雄气，他打算亲征高句丽。大臣褚遂良进言："但遣一二慎将，付锐兵十万，唾手可取。"褚遂良的意思是高句丽属边远小国，不必亲征，只需派一两位将领带兵讨伐，便可拿下！李世民并未听取褚遂良的话，他说："辽东本是中国之地，隋朝多次讨伐未果，今朕决意东征，一雪前朝之耻！"他带着大将李勣、李道宗剑指辽东。进入高句丽后，唐军势如破竹，连下十座城池，迁入高句丽的百姓七万人，杀敌四万人。但因为高句丽早寒，草枯水冻，粮草殆尽，加上对手联合薛延陀一起攻唐，李世民只好班师回国。

一年后，并不甘心的李世民又发动对高句丽的战争。但因西边的龟兹（qiū cí）国战事又起，李世民下令撤军。公元648年，李世民准备第三次讨伐的时候，一病不起，随后驾崩。不过他的遗憾被唐高宗李治解决，唐高宗派大将苏定方先消灭百济，又联合新罗灭掉了高句丽。

“唾手可得”这个成语在《三国演义》中也有出现，凉州军阀马腾被曹操杀掉。马腾之子马超为报父仇，起二十万大军杀向长安，长安郡守钟繇（yáo）与之交战，力不能敌，关闭城门，高挂免战牌。因长安城墙坚固，马超一连十天急攻，都未拿下。其手下将领庞德献计：“如果强攻，伤亡很大，只需如此如此，长安唾手可得！”马超一听，大喜，传令撤军，钟繇见西凉军走远，打开城门，让军士百姓出城打柴取水，几天之内，不见西凉军。某天夜里，突然长安城内起火，原来马超军士化作百姓混入城中，放火制造混乱，并趁机打开城门，马超军队顺利进入，里应外合，夺取了长安。

无论是褚遂良的进言还是庞德的妙计，都让“唾手可得”这个成语家喻户晓。“唾手”解释为干农活或者打仗之前，在自己手掌中吐口水，以增加握力，然后再拿着农具或者武器。“唾手可得”就比喻一件事情很容易做到，非常简单。

学习

The Chang'an story

完璧归赵

蔺相如在外交上一错再错

战国时期，雄才大略的赵武灵王因为一场政变被困，最后活活饿死。此事让其他国家十分欣喜，尤其是秦国，秦昭襄王派人觐见新继位的赵惠文王，提出愿以十五座城池来换取赵国的和氏璧。赵惠文王与大臣商议，蔺相如说："秦强赵弱，不得不换。秦王用城换璧而赵国不答应，赵国理亏。但如果秦王不给土地，就是他理亏。我愿出使秦国，保证完成任务。"

秦昭襄王在章台（秦宫，今陕西西安西北）接见蔺相如。他捧着和氏璧，如获至宝，并让嫔妃一睹风采。蔺相如见秦昭襄王并没有提十五座城池的事，便上前说和氏璧上有一点瑕疵，需要指出。秦昭襄王信以为真，将和氏璧交给蔺相如。蔺相如拿起和氏璧，怒发冲冠，威胁秦昭襄王说："大家都说秦王不可信，我们大王认为，百姓之间交往尚且讲信用，何况是大国之间呢？所以我家大王斋戒沐浴，亲手将和氏璧交于我手，这是向秦国表示尊重，结果你们无意交换十五座城池，今天我就和这块和氏璧一起撞在柱子上。"秦昭襄王好言相劝，并承诺斋戒后，以隆重的典礼迎接和氏璧，同时确定十五座城池的具体位置。蔺相如回到驿馆，派随从将和氏璧送回赵国，自己应付秦昭襄王。秦昭襄王无可奈何，就放他回赵国了。

这个故事记录于《史记·廉颇蔺相如列传》，原文说："相如因持璧却立，倚柱，怒发上冲冠。”“怒发冲冠”这个成语由此得来。历代的史书对蔺相如“完璧归赵”的故事推崇备至，其实这个故事背后藏着很多秘密，“完璧归赵”真正的赢家是秦国！首先，秦昭襄王是秦国史上一代雄主，他怎么可能为一块玉放弃辛苦打下的城池。赵武灵王胡服骑射，威震一时，新继位的赵惠文王是什么底细，还不清楚，所以秦昭襄王要借用和氏璧的事试探一下赵国。蔺相如表面上对秦昭襄王大义凛然，实际上把赵惠文王如何惊慌失措的讨论，如何被逼无奈派他出使秦国的底牌全部暴露了。表面上秦昭襄王丢了面子，但他已知晓赵国国君的实力，在完璧归赵后的第二年，秦国就对赵国用兵，拿下了石城（今河南林州东南）；一年后，秦再攻赵，杀两万人，攻陷代郡（今河北张家口蔚县）；随后战事不断，公元前262年，长平之战爆发，赵国走向灭亡。

秦昭襄王早年受制于母亲（宣太后芈八子），忍辱负重，做秦王五十六年，七十五岁去世。他的一生，文有范雎（jū），武有白起，远交近攻，痛击赵、楚，意欲使天下臣服，缔造大秦帝国，被后世无限仰望。在他之后，秦统一六国，仅仅是时间问题。

不得要领

中国第一位被记录的探险家

公元前139年，匈奴骑兵在河西走廊发现了一队汉朝的使者，便将他们全部抓获，并押送他们去往匈奴王庭。经过拷问，他们发现，这群使者是汉武帝指派、去联络大月氏（ròu zhī，一说读 yuè zhī）合力攻打匈奴的人，这队使者的头领叫作张骞。

匈奴单于并没有杀掉张骞，而是将他软禁起来，想从他口中得知更多汉朝的军事机密。张骞始终不肯屈服，十年后才找到机会逃出匈奴，一路往西，寻找大月氏国。大月氏国早期被匈奴打败，甚至国王都被杀死，被迫西迁。张骞等人越过戈壁沙漠，翻过冰冻雪封的帕米尔高原，途径大宛（yuān）、康居、乌孙、龟兹等国，才找到大月氏。按理说，大月氏和匈奴有世仇，本应同意和汉朝一起攻打匈奴，但月氏国国王觉得现在生活安稳，又没有战争，因此对一起夹击匈奴的事情并不感兴趣。张骞在大月氏国住了一年，反复劝说无果后，才选择离开。《汉书·大宛列传》记载，"骞从月氏至大夏，竟不能得月氏要领"，成语"不得要领"由此得来。等到张骞回到长安，已经是十三年后的事情了，汉武帝和文臣武将耐心地听他讲西域的风土人情，以及这些年他多次死里逃生的经历，汉武帝感动至极，特封张骞为博望侯。

张骞后来再一次出使西域，给西汉在政治、经济、文化方面带来了很多新的气象。他从西域带回苜蓿，种植在今西安市草场坡，带回了葡萄、核桃、胡萝卜等各类物品，还有西域鼎鼎有名的汗血宝马。

这些物品中，最传奇的要数石榴。张骞将石榴种子种在长安城西南边，今陕西西安长安区石榴村就因为最早种植石榴而得名，后来蔓延到西安市周边，临潼区成为石榴种植最多的地方。中国人视石榴为吉祥物，因为它是多子多福的象征。到唐朝，人们对于石榴的喜爱更甚，结婚的时候大家相互赠送石榴。当时杨贵妃喜欢吃石榴，唐玄宗就给她修建了一座花园，专门种植。当时女性裙子的染料，很多是从石榴花中提取，因此人们也将红色的裙子称为“石榴裙”，久而久之，“石榴裙”就成了古代年轻女子的代称，人们形容男子被女人的美丽所征服，就称其“拜倒在石榴裙下”。

张骞两次去往西域，司马迁在记叙这段历史时，用了“凿空”一词，意思是“本无道路，今凿空而通之也”。人的寿命不过区区百年，但是一个时代的功业却是无法衡量的。通向西域的丝绸之路上，那个大汉的使者，手持符节，在大漠孤烟中度过了多少黎明，在长河落日下又历经了几许光阴，他心不妥协，行不受限，没有捷径，亦不会独行。

珠联璧合

谁发明了『春节』

汉朝元封年间，击溃了匈奴的汉武帝志得意满，在泰山上进行了大型的封禅仪式。回到长安，汉武帝仔细端详未央宫中的《颛顼（zhuān xū）历》，怒从心起，困扰他多年的问题再次萦绕心头。

中国古代属于农业社会，老百姓耕作的时节往往依照天时，所以历法极为重要。汉朝以前有六种历法，其中最有名的是《颛顼历》，颛顼是黄帝的孙子，上古部落首领，三皇五帝之一。《颛顼历》是在秦献公时期制定的，并在秦始皇统一全国后开始大范围使用。西汉王朝沿用秦朝的《颛顼历》，但是这本历法有很多不严谨的地方，对农业的发展不利，于是汉武帝召集天下天文学家，要重新制定一套历法。

此时，在巴郡阆中（今四川阆中）有一个叫落下闳的人，对研究天象十分痴迷。他毅然来到长安，和邓平、唐都三人制定了一套完整的历法方案，呈给汉武帝。与此同时，汉武帝还接到了另外17套历法方案，经研究，汉武帝与太史令司马迁选取了落下闳等人的历法，并招募20多位天文学家，一起完成这部影响深远的作品，于太初（汉武帝第七个年号）元年发布，所以这本历法也称《太初历》。

《太初历》确定每年的正月初一为一年的开始，称为“春节”。还结合前人的经验，把一年三百六十五又四分之一的天数分成二十四段，分列在十二个月中，以反映四季、气温等情况，这就是完整的二十四节气。《太初历》明确了二十四节气的天文位置，此历法沿用了两千多年。

汉武帝表彰落下闳的功绩，授予他侍中之职，但落下闳婉言拒绝了，回到故乡阆中继续研究学问。落下闳因为这部历法被叫作“春节老人”，四川省阆中市被誉为“春节发源地”。

后世颁布的所有历法，都受到《太初历》的影响。有一位宦官叫作淳于陵，按照这部历法，查看天上太阳、月亮等天体的变化，发现历法的说明和天体的运行完全吻合。《汉书·律历志》在记载这件事的时候，写了一句话：“日月如合璧，五星如连珠。”璧，就是中间有个孔的玉石。这句话的意思是太阳和月亮就像美玉结合在一块，金木水火土五星像珍珠联串在一起。这句话被后世总结为成语“珠联璧合”。

汉朝的历史中，不乏纵马上阵的武将，亦不乏鞠躬尽瘁的丞相，在浩如烟海的名人录里，也应该有天文学家落下闳的一席之地，他的故事如烟花般绚烂过，如流星般璀璨过，阳光聚了，散了，又是一天；日历厚了，薄了，转眼又是一年。

一家之言

一封含泪写下的书信

汉武帝建元元年（公元前140年），司马谈从家乡黄河龙门（今陕西韩城）到长安担任太史令，他的儿子司马迁在龙门耕读，并在成年后，游历全国各地，收集了大量的奇闻逸事，考证了很多历史典故，随后去往长安。

公元前110年，司马谈病危，弥留之际，要求司马迁子承父业，一定要编撰一部完整的中华历史，不要让重要的历史消失。司马迁遵照父亲的遗愿，做了太史令。当时正是汉匈战争时期，大将李陵带兵深入到匈奴的内部，遭到匈奴主力的围攻。李陵数次力战，但由于兵力悬殊，最后投降匈奴。消息很快传到长安城，朝中的大臣都认为李陵投降是不忠的表现，汉武帝询问司马迁，司马迁说："李陵只有五千步兵，被匈奴主力八万人围攻，坚持了十几天，杀敌一万多，以他的战功来看，完全可以抵消投降这件事。而同时，另一位将领李广利率领大军和匈奴作战，打了很久没有一点成效，与李广利相比，李陵是真英雄！"这段话让汉武帝很不开心，因为李广利是汉武帝最宠爱的嫔妃李夫人的哥哥，虽有些平庸，但也不能当众侮辱，况且李陵投敌，罪大恶极，司马迁居然为他求情，愤怒的汉武帝将司马迁打入天牢，并处以宫刑。

司马迁受刑后痛苦至极，多次想过自杀，但是心中仍然牵挂着一件事还没有完成，就是父亲的遗愿——编写《史记》。他想到周文王被囚禁时演算出《周易》，孔子困难时写成《春秋》，屈原流放中著有《离骚》，所以选择忍辱偷生。司马迁在给好友任安写信的时候说道："人固有一死，或重于泰山，或轻于鸿毛……亦欲以究天人之际，通古今之变，成一家之言。"意思是我想研究自然现象和人类社会，贯通古往今来变化的脉络，统一成一家的言论。成语"一家之言"由此得出。

话说慷慨赴死易，从容负重难，司马迁没有死，尽管对于文人来说，他丢了尊严，跟死了无异，但是他决定为自己正名，用尽余生，苟活于世，把文章传于千古，为后世立史家之道。笔下文章三千，不抵心中一言，这一言写过上古神话的出处，也写过王侯将相的沉浮，写过贩夫走卒的艰苦，也写过文人墨客的词赋。他写了《史记》，谁又来写他？抛开竹简，就此搁笔，身如沧海一粟，命如零落草木，终究化为一抔尘土。

见面

史上最神秘的老师

西汉时期，学者董仲舒出生于广川（今河北景县），他家境殷实，其父亲寻遍名师为其授课。董仲舒年轻时学习非常刻苦，他的书房紧靠着姹紫嫣红的花园，他却三年没有踏进过花园半步，甚至连一眼都没看过，因此有了“目不窥园”的成语。

学有所成后，董仲舒公开招募学生，悉心讲述儒学。他上课的时候有一个规矩，就是在课堂上挂一个帘子，他在帘子里头讲，学生在帘子外面听，有学生不懂的地方，董仲舒就让学习委员，也是他的得意弟子吕步舒去当面讲解。这些学生跟了董仲舒很多年，学到了不少知识，唯独没见过老师长什么样子。荀悦所写的《汉纪·武帝纪二》记载：“弟子以次传授其业，或莫见面。”“见面”这个词从这里得出。董仲舒的学生中有的去诸侯国做了大官，有的成为朝廷的栋梁，他们给别人讲起自己老师的时候，都会同时说一句话：“学识渊博又极为神秘。”渐渐地，董仲舒的名气越来越大，很多人想见一见他的庐山真面目，于是汉景帝就授予他博士的官职，由国家出资让他公开讲课。汉武帝继位后，修建茂陵（今陕西兴平茂陵村）及茂陵邑，让各地推荐贤能的人，迁到茂陵邑居住，董仲舒在列。汉武帝亲自召见董仲舒，询问他治国的意见。董仲舒对汉武帝讲了三堂儒学课，阐述了君权和神权的联系、天意与人事的交感相应，与汉武帝的思想不谋而合，于是汉武帝罢黜百家，独尊儒术。

公元前135年，长陵（汉高祖刘邦墓）高园殿着火，董仲舒想借此推行天人感应的说法，起草了一份奏章，说上天通过着火对汉武帝发出警告。此时，大臣主父偃来家中作客，得知此事，偷走奏章草稿，呈给汉武帝。汉武帝大怒，想杀掉董仲舒，又怜其才华，放他一马。董仲舒从此心灰意冷，又开始招收学生，传道授课，除非朝廷请教，否则不谈任何政事，了此一生。传说汉武帝某次经过他陵墓时，下马致意，今天陕西西安城墙内还有“下马陵”这个地名（属误传，详见图书《长安处处有故事·西安地理》）。

董仲舒的一生最闪光的时候，无疑是面圣提出天人三策；而他一生最惬意的时光，就是教书育人，或莫见面。从风华盛年到垂垂老矣，有时想来，不过转瞬即逝。茂陵邑旁，是不甘的帝王梦；下马陵内，是老去的英雄冢。来也如风，去亦如风，是非成败转头空。

聚精会神

一个音乐人的幻想

西汉时期，资中（今四川资阳）有一人叫王褒，年少时家里很贫困，以耕读为生。他爱好音乐和诗歌，在四川游历，以文会友。王褒一生留下过十六篇辞赋，其中最有趣的一篇是《僮约》，讲的是他和一位仆人的趣事。

王褒曾寄居在一位寡妇杨氏家中，寡妇家中有一仆人叫“便了”。王褒经常叫他帮着买酒，仆人并不喜欢这个经常指挥他的外人，又担心他和杨氏关系不寻常，所以跑到杨氏死去丈夫的墓前哭诉。王褒知道后很生气，存了一笔钱，将这位仆人买下，仆人心中充满怨恨，对王褒说：“你要在契约中写明我需做的事，没有规定的内容我不会给你做。”对于玩文字的王褒来说，这再简单不过，轻松拟定六百字《僮约》，详细写明了仆人从早到晚的工作安排，几乎没有空闲。仆人执行了几天，便叫苦连天，向王褒求情：“如此下去，身体吃不消，还不如每天给您去买酒喝。”《僮约》只是王褒的消遣之作，他的其他作品早已在朝中传开。

当时汉宣帝在全国征集有才学的人到长安做官，经过当地官员的推荐，王褒在长安见到了汉宣帝。汉宣帝给他出了个题目，要写一篇《圣主得贤臣颂》，题目的意思是明君遇见贤臣，风云际会，值得称颂。王褒想到汉王朝经历了前期的动荡，文景两朝休养生息，汉武帝开疆拓土，但晚期动荡，继任者或早逝，或遭废黜，汉宣帝上台，励精图治重振旗鼓，国家出现中兴，匈奴臣服。王褒眼前似有壮美河山，胸中万马奔腾，驰骋在疆场，这千里马就好比是贤臣，而驾驭这些马的人就好比是帝王，皇帝对贤臣操纵自如，整个江山呈现出一片繁荣的景象。王褒提起笔，一篇《圣主得贤臣颂》很快完成，其中有两句为："明明在朝，穆穆布列，聚精会神，相得益彰。"意思是君主勤勉，大臣忠心，大家心往一处使，配合得很好。成语"聚精会神""相得益彰"均出自于此。写完这篇华丽的骈文后，王褒配上急促的音乐，又以动人的歌唱演绎，汉宣帝觉得画面感十足，心中又荡起股股英雄气，当即给了王褒一个官做。

"聚精会神"现在多用于学习或做事注意力高度集中，就像此刻，您正聚精会神地阅读这本书。作者可以喋喋不休，但您在读书时要保持沉默寡言，认真聆听书中前后左右紧密相连的每一个词，仔细辨认引领我们进入深远意境的每一段历史，关注那些也许在作者埋头追求写作进度时忽略的久远痕迹。

朝闻夕改

死于天体运行的丞相

汉成帝年间，在汝南郡（今河南上蔡县）有一人叫作翟方进，出身寒门，早年丧父。他因做事内敛，性格木讷，常常被人取笑，后在长安搞学术，成为经学集大成者，被汉成帝任命做官，从刺史做到京兆尹，最后位居丞相。

翟方进任职期间，虽然打击了一些不法豪强，但是做事迂腐，且没有容人之量，弹劾了很多官员，甚至皇亲国戚也不避讳。他与淳于长（zhǎng）交好，但淳于长因为贪污腐败和大逆不道被杀，和他有关的官员基本都被免职，翟方进感到惭愧，请求辞官。汉成帝对他网开一面，这样回复："朝闻夕改，君子与之，君何疑焉？"意思是早上犯的错，晚上就改正了，这是君子所称赞的，你还顾虑什么呢？成语"朝闻夕改"出自于此。得到汉成帝的鼓励，翟方进为了将功折罪，竟然又连续参本上奏弹劾了二十余个和淳于长有关系的大臣。丞相做了十年的翟方进，虽没有大的功劳，但得到皇帝信任也是福气。人算不如天算，当时发生了一段奇异的天象——荧惑守心。古代火星代表战争、死亡，荧荧似火，行踪不定，称为"荧惑"；二十八宿之中有一个叫"心宿"，心宿有三颗分别代表皇帝、皇子、皇族。荧惑守心就是火星靠近心宿，在古人看来是大凶之兆，预示着皇帝将驾崩。

有人上书说翟方进做丞相以来，为祸百姓，导致天谴，波及皇帝，请他自杀，代天子受罚。手足无措的汉成帝召见了翟方进，并下达诏书，训斥翟方进给国家带来灾难，又表示对他的惋惜，赐他好酒、黄牛。翟方进知道大限已到，服毒自尽。汉成帝这才安心，宣布丞相暴病而亡。汉成帝厚葬翟方进，此后多次到他府上吊唁，还让他的长子继承爵位。

“朝闻夕改”是汉成帝宽慰翟方进的一句话，常常被用来劝勉他人。翟方进从底层走向权力的顶峰，为政期间，能够保持廉洁，虽无大功，但也无过，可是天相变化无穷，因为天相而自杀，可谓是历史上死因最奇特的丞相。所谓：至尊帝王，如青天日月相接，日月犹在大汉，而丞相一去不返。

抱残守缺

年逾七旬的政变者

西汉末年，外戚王莽权势如日中天，经常代皇帝处理政务。西汉刘氏宗族纷纷反对，安众侯刘崇起兵，东郡太守翟义造反，长安以西的豪强赵明叛乱。王莽十分惶恐，当皇帝的计划在理论上没有基础。此时，一位叫刘歆的学者提出“谶（chèn）纬”（中国官方的儒家神学）的策略，通过预言、天象、占星的方式让王莽的篡权更具有合法性，后王莽顺利取代汉王朝，建立“新”朝。

刘歆是西汉皇族后裔，年少的时候饱读诗书，被皇帝器重，负责整理国家收藏的书籍。他和父亲刘向一起收集了很多快要失传的图书，再把一些书上的篇章文字进行校对，收藏在天禄阁和石渠阁。今陕西西安西北未央宫遗址内，还有天禄阁遗址留存，就是当年刘向父子工作的地方。

这期间，刘歆阅读了大量绝密的图书，其中春秋时期的《左传》最让他感兴趣。刘歆认为《左传》是一本十分珍贵的文献资料，他向汉哀帝建议，设立机构专门研究这本书。汉哀帝无法判断这本书的价值，就让刘歆找一群文化名人探讨一下《左传》的内容和意义，谁知道这群文化名人既不愿意设立机构研究，又不肯讨论这件事情。刘歆非常生气，写了一篇文章，批评了这群文化名人。刘歆说道："犹欲抱残守缺，挟恐见破之私意，而无从善服义之公心。"意思是这群文化名人孤陋寡闻，抱残守缺，不肯讨论新的学术问题，其实就是无知，成语"抱残守缺"来源于此。刘歆的这篇文章遭到了社会主流人士的攻击，他也因此暂时离开了长安城。

王莽上台后，十分欣赏刘歆，两人关系密切，王莽推荐他做官，从此刘歆扶摇直上。但新朝的政策过于超前，很多想法无法实施，加上刻意追求严格法令，王莽杀掉了刘歆的两个儿子一个女儿，甚至将自己的儿子也一起杀掉了。刘歆一方面感念王莽的知遇之恩，另一方面，自己身为西汉皇族后裔，被朝中很多人拥戴，希望他能站出来推翻王莽的统治。刘歆卷入了一场诛杀王莽的计划中，他按照天象订好计划，可惜被提前泄露，年逾七旬的刘歆自杀。

刘歆是历史上有名的文学家、数学家、天文学家，在学术上成就很高，被儒家称为孔子之后的第二人。其不愿抱残守缺的思想熠熠生辉，也因碍于形势，身为皇族后裔，助异姓篡位，又因个人恩怨，反对新朝，我们能想到他在西汉与新朝之间纠结的苦恼，也理解他在丧子后的飘摇；能看到他的晚节不保，却看不到他为自己设下的监牢。

仕宦当作执金吾

梦想就是用来实现的

公元8年，王莽强迫汉王朝刘婴禅让皇位，建立新朝，之后王莽开始了大规模的改革，其中一项是扩大太学（全国最高学府）招生数量，太学生数量最高时达到一万人，这些学生中就包括刘秀。

刘秀是汉高祖刘邦的第九世孙，按理说是汉室宗亲，但此时刘姓宗室已经繁衍到十几万，他这一支皇族早已没落，而且当时王莽新朝取代汉王朝，刘姓宗亲更是无出头之日。刘秀早年丧父，家道中落，他和哥哥靠种地耕田，贴补家用，刘秀一表人才，性格温和，完全是一个居家好男人。来长安之前，刘秀在姐夫邓晨的引荐下接触到南阳大户阴家小姐阴丽华，阴丽华的美貌给刘秀留下了极深的印象。这一次刘秀到长安求学，恢宏的京城让他目不暇接，大街上执金吾（秦汉时期保卫都城的官员。吾，古代同“御”，解释为抵御）的部队经过，执金吾的长官骑着高头大马，威风凛凛，士兵也趾高气扬，出身底层的刘秀被这磅礴的气势震撼住了，不由得发出一句感慨：仕宦当作执金吾，娶妻当得阴丽华！意思是男人做官就应该做成执金吾这样，娶妻就要娶阴丽华这样美貌的女子。

据说王莽非常迷信巫术，有一位巫师占卜，说长安城东南方，有帝王之气，这个人叫作刘秀，在长安念书，不除掉他会影响王莽的帝位。王莽对巫师的话深信不疑，再加上刘秀是汉朝皇族后裔，于是派人去捉拿刘秀。刘秀听闻此事，赶紧逃走，跑到长安城东南边一个村子时，天色已晚，就地休息。王莽很快带领军队赶到这里，当时阴差阳错下，刘秀连夜逃脱。后刘秀南征北战，建立东汉王朝，史称光武帝，娶阴丽华为皇后。后人就把陕西西安城南刘秀藏身的村子取名为刘秀村。关于王莽追刘秀的故事在陕西、河南、山西三个省份都有不同的版本，而相关的地名、传说也有很多，这些故事的真伪已经模糊不清。

“仕宦当作执金吾，娶妻当得阴丽华”出自于《后汉书 · 皇后纪》，因为这句话足够励志，成为后来底层英雄、乱世诸侯激励自己的口号。后梁开国皇帝朱温、明末清初山海关总兵吴三桂都曾有此感慨。人生于天地之间，如白驹过隙，谁不想和刘秀一样纵马山河、建功立业，谁不想为梦中的女子实现承诺、情深义重？或许你我在追忆少年时，都曾仰望着某一个影子，咬牙握拳地说一句“若有朝一日，我当如他！仕宦当作执金吾，娶妻当得阴丽华！”

忠孝难两全

从古惑仔到英雄的转变

三国时期，在义兴阳羡（今江苏宜兴）有一人名叫周处，性格暴戾，平时在乡里为非作歹。有一次他问一位乡亲："本是收成年，为何闷闷不乐？"乡亲回答："我们这里有三害，南山上有一只猛虎，长桥下有一只蛟龙，还有你周处。这三害要是除了，就是我们这里最快乐的事情了。"

周处进入深山，射死了猛虎；又潜入水中，与蛟龙搏斗，来回几十里，激战三天三夜，大家都以为周处死了，争相庆祝。等到周处杀了蛟龙回来，听说乡里人争相庆祝，才知道人们如此厌恶他，于是他立志做个好人。他去找当时著名的文学家陆云，又担心自己江山易改本性难移。陆云开导他："人如果有了理想，前途就有希望。"周处听了陆云的话，开始学习兵法，看各种书籍，克制自己的脾气，与人为善。

周处先在吴国做官，吴国被西晋灭掉后，周处又到西晋做地方官。他提倡教化，刚正不阿，还安抚少数民族，获得极高的赞誉。后被皇帝调回洛阳任职，在天子脚下，他仍秉持正义，无论是皇亲国戚，还是文武大臣，一旦犯罪必深究，引起很多人对他的不满。

当时长安有人造反，朝廷派梁王司马肜（róng）和大将夏侯骏讨伐，有人提出让周处一同前往。明眼人一看就知道有去无回，有人劝周处，可以说自己的母亲年事已高，推掉此次出征。周处回答："忠孝之道，安得两全！"认为既然自己已经侍奉君主，就应该把这七尺身躯奉献给国家。在平叛的过程中，夏侯骏逼迫周处独自带领五千人马进攻，并且不给他任何支援。周处率军杀敌万人，从清晨到日暮，人困马乏，手下劝他撤退，周处拔出宝剑说道："这是我报效国家献出生命的时刻，为何要撤退？以身殉国，不也是可以的吗？"最后力战而亡。

周处的故事记录于《世说新语》和《晋书·周处传》。周处死后葬在长安城南，为了赞誉他有错就改的美德，人们将这座墓叫作"三害冢"，今天陕西西安长安区周家庄便是他陵墓所在地，而周处的原籍南京则有他的衣冠冢。

周处年少误入歧途，后浪子回头。当你可以直面自己的错误时，你便能够彻底谅解过去的自己。大多数人都应像周处这样活着，虽不聪明，但诚恳；虽会犯错，但坦然。战死沙场，埋骨他乡，这又何尝不是一种转变呢，因为哪里有坟墓，哪里就有新生！

博览群书

历经四朝的文学巨匠

南北朝时期，庾信出生在南阳书香世家，15岁的时候就到南梁武帝宫中陪太子读书，19岁便在东宫做官，他的父亲也在东宫担任中庶子（南北朝中庶子是太子的属官），父子同朝为官，颇为罕见。因为庾信才华横溢，当时很多江南学子纷纷模仿他的文章和诗句，他拥有大量的粉丝。

公元554年，庾信出使北方的西魏，这一去彻底改变了他的人生。就在庾信到达长安不久，西魏出兵占领了梁大片土地，两国战火纷飞。当时西魏的皇帝仰慕庾信的大名，将他强行扣留在长安，同时封他为使持节（直接代表皇帝行使地方军政的官员）、抚军将军（正二品）、右金紫光禄大夫（正三品）、大都督（全国最高军事统帅）。庾信摇身一变，成了西魏宠臣。

不久后，权臣宇文觉杀掉西魏皇帝，取而代之在长安建立周朝，史称北周。当时南方的国家已经从梁朝变成了陈朝，陈朝与北周两国关系修好，在长安城居住的南方人都可以回到陈朝。陈朝要求北周将庾信也一起放回去，遭到了北周的拒绝。北周武帝宇文邕（yōng）特别喜欢庾信的才华，对庾信恩宠有加，不停地加官晋爵，把他当作皇帝身边的第一文案，三公九卿的碑文墓志，皇帝下达的诏书圣旨，都需要庾信来撰写。庾信风光一时，但是他在北周做官，和自己故乡为敌，内心是十分挣扎和痛苦的。庾信晚年，北周丞相杨坚架空皇帝，后取而代之，建立隋朝。庾信目睹了一任又一任的皇帝继位，又看见了一朝又一朝的更迭，于公元581年，在长安去世，隋文帝深为痛心，除了给他追封官职外，还让他的儿子继承爵位。

《周书·庾信传》对他的才华这样记载：庾信聪敏绝伦，博览群书，尤善《春秋左氏传》。成语“博览群书”出自于此。尽管他的才华足以在任何朝代，被任何君主重用，但人生如棋，身不由己，哪有绝对的安稳？庾信的一生走过山重水复的流年，笑看风尘起落的人间，那南方“春水碧于天，画船听雨眠”的日子只能留在回忆中，长安的风景迎送过客，而故乡的门环等着轻轻叩响的归人。

骇人听闻

同行是冤家

隋文帝年间，朝廷曾规定，不允许民间个人编撰历史。当时有人告发王劭（shào）偷偷在家编写北齐的历史，隋文帝大怒，派人没收了其著作。但拿到北齐史看了以后，隋文帝却大为兴奋。北齐史中写了什么？王劭到底是何方神圣？

王劭幼年沉默寡言，博览群书，做学问的时候兢兢业业，连平常吃饭也在想着如何写出好文章。有一次，天下有名的文学家祖孝征、阳休之等人在一起讨论历史，个别细节有所遗忘，就找来王劭，王劭一一解答，大家翻书查证，没有一处错误。王劭先在北齐、北周做官，隋朝取代北周后，因为私人编撰历史，才华被隋文帝发现，启用做官，负责记录皇帝的起居。为了讨好隋文帝，他称皇帝的长相与真龙相似，并指给文武大臣看。王劭这个举动很“鸡贼”，跟“皇帝的新衣”一样，谁敢说不对？王劭走访了民间很多地方，收集了不少故事、民谣，歌颂隋文帝的统治，证明隋朝的合法性。隋文帝让把这些内容宣告全天下，王劭通知各地的官员，统一召开会议，先沐浴更衣，再宣读内容，隋文帝对这一次的宣传工作很满意。此后，王劭开始把精力放到邪门歪道上，靠编造一些漂亮的谎言来稳定自己的官位，比如说皇后死了，王劭说皇后是菩萨转世，她并没有死去，而是去天上做了神仙；有一个地方抓到一只很大的乌龟，王劭站出来说，这只神龟象征着大隋王朝万寿无疆。他把自然界奇怪的现象与皇帝的统治全部结合起来，以博取皇帝的欢心和信任。

王劭在隋朝还从事国家历史的编写，他著有《隋书》80卷，分类记录了隋朝的发展情况，此外还有《齐书》纪传100卷，这些都是后来唐代官方修史的主要参考资料。唐朝的史官魏征在编辑隋朝历史时，写到王劭，魏征很鄙视这位同行做官的方式，对他的作品有这么几句评价："或文词鄙野，或不轨不物，骇人视听！"意思是王劭品行不佳，写的东西不伦不类。后人从这里总结出一个成语"骇人视听"，后来南宋理学家朱熹在写《朱文公文集·答詹师书》的时候，将"骇人视听"演变成"骇人听闻"，并沿用下来，今天我们还常常用这个成语表示听到一些事以后感觉很惊讶。

魏征一生耿直，在道德上贬低王劭情有可原。从另一个角度讲，王劭给隋朝做了很多有关意识形态的事情，来稳固江山，唐朝灭了隋朝，既是政权的更换，也是整个意识形态的调整，所以后朝史官魏征必然会否定王劭，这是古代王朝变化的历史必然，跟个人无关。

雕虫小技

『诗仙』李白最谦虚的时候

早期，中国文字其实就是图画和符号，殷商时期，这些符号刻在了动物的骨头和龟壳上，是为甲骨文。古人占卜时，把甲骨在火上烤，以裂缝来判断事物的吉凶。到了商周时期，刻在青铜钟鼎和石鼓上的金文出现了。到了春秋战国时期，各诸侯各自为政，文化不同导致各国文字差异很大。

秦始皇统一天下后，丞相李斯把各地的文字重新整理，形成了八种不同的书体，分别是：大篆、小篆、刻符、虫书、摹印、署书、殳（shū）书、隶书。其中虫书、篆书中的花体，常常刻在兵器或旗帜上，形状像鸟和虫的样子，写起来很费劲，而用途很少。曾有人问西汉大文学家扬雄关于作赋的事，扬雄回答："作赋只是小孩子雕虫篆刻的技能罢了，现在已经不作了。"

"雕虫小技"由书法体转为成语还要从南北朝时说起。根据《北史 · 李浑传》记载，北齐的皇帝高洋要制定一套新的法律，大臣李浑负责，团队成员还包括文学家魏收。李浑看不起魏收，就对他说："雕虫小技，我不如卿；国典朝章，卿不如我。"意思是在文字上花拳绣腿，我不如你魏收；但是制定国家的规章制度，你魏收可就比不上我了。

到了唐朝，有一位官员叫韩朝宗，为人仗义热心，提拔过很多后起之辈，当时到长安的年轻学子都拜访他，请他引荐至朝廷，其中就包括李白。李白给韩朝宗写了一封自荐信《与韩荆州书》，文中先赞美了韩朝宗提拔人才的雅量，天下名士相聚而言，生不用封万户侯，但愿一识韩荆州。后又自我推荐，信的最后写道：“恐雕虫小技，不合大人。”意思是说，恐怕我写的文章，只是一些微不足道的小伎俩，不够让大人欣赏。即使李白如此谦虚，但是韩朝宗并没有给皇帝引荐李白。虽无引荐，但并不妨碍李白日后变成鼎鼎大名的诗人！

现在我们常用“雕虫小技”这个成语谦虚地表示自己写文章或做事情的时候，用的都是一些小技术而已。其实从符号到虫书，文字担当重任，宣告文明的存在。而喜欢文字的人，多数难以摆脱其魅力，那些犀利的、畅快的、豪情的描写，与那些柔软的、细腻的、温暖的刻画，和我们如影随形，在我们的头脑里四处蔓延。多少人何尝不是为了某段文字而爱上了某一个人，又何尝不想让某个人通过文字看到自己的心声。

读书破万卷

学一技之长，到盛世大唐

公元747年，唐玄宗李隆基下诏，天下凡是有一技之长的人都可以到长安来考试，及弟之人朝廷会加以录用。这对于很多偏科的学子和怪才无疑是一个好消息，他们从四面八方赶来长安，其中就包括杜甫。

当时的监考官是宰相李林甫，为了蒙蔽皇帝，他否定了所有考卷，对唐玄宗说“野无遗贤”，意思是皇宫之外已经没有人才。才华横溢的杜甫就这样不明不白被否定了。杜甫暂时在长安城住了下来，想结交一些权贵，然后通过这些贵族引荐做官。杜甫当时把希望寄托在朝中官员韦济的身上，他写了两首诗呈给韦济，其中一首为《奉赠韦左丞丈二十二韵》。这首诗更像是一份个人简历，其中，年轻的杜甫毫不谦虚，把自己和西汉文学家扬雄、东汉才子曹植放在一起比较。为什么杜甫这么自信？他自己在诗中说了两句话：“读书破万卷，下笔如有神”，意思是我年少的时候，读熟了很多书籍，后来写起文章，思维敏捷，如有神助。韦济很赏识杜甫的才华，但是并没有帮他完成梦想。

四年后，唐玄宗举行祭祀盛典，杜甫提前献上《三大礼赋》，唐玄宗赏识他的才华，让他等待朝廷任命的通知。但因主办此事的仍然是李林甫，杜甫又没有得到一官半职。长安城的贵族都喜欢把杜甫请到家里，吟诗作对，装点门面，杜甫白天觥筹交错，夜晚回家与妻子对坐惆怅。又过了四年，杜甫才被授予河西尉（陕西合阳县正九品官员），杜甫不接受，朝廷又让他去看管武器。为了生计，杜甫勉强答应，但由于太过贫困，自己的小儿子被饿死了。后来安史之乱爆发，杜甫将家搬到鄜（fū）州（今陕西延安富县）避乱，后听说唐肃宗继位，就想去投奔他。在投奔唐肃宗的半路上，被叛军抓住，押到长安，长安当时在叛军手上。因其官职太小，有一定的自由，他就从长安城西边的金光门逃出，找到唐肃宗，被封为左拾遗（监察官员，负责指出皇帝、大臣错误）。因营救宰相房琯，被贬到华州（今陕西渭南华州区），后来又去了成都，在一条由潭州去岳阳的小船上去世。

杜甫一生未能做得大官，他的诗甚至没有选进当时的诗歌集里。杜甫的故事看似烟消云散，实则暗藏生机。几十年后，诗人元稹偶然间读到杜甫的诗，大为惊讶，从元稹开始，人们才开始疯狂关注杜甫的诗，“诗圣”就是后人对他的评价。只是苦了他生前孤独如影，寂寞随行，死后才千年传颂，这巨大的反差，杜甫早已无从知晓，或许他只想世人回眸一次，看见他字里行间的款款情深，人生浮沉。

居之不易

『西漂』奋斗史

唐代诗人白居易幼年刻苦读书，据说因为他用功太猛，头发全都白了。他每写一首诗，就读给不识字的老太太听，老太太能听懂，他就觉得很满意。白居易第一次到长安参加科举考试时，只有16岁，因为刚刚出道，毫无名气，就四处投放简历，并附上自己的作品，希望得到名家的赏识。

白居易曾拜访尚书顾况，希望顾况点评一下自己的作品。顾况自己也搞创作，工作上的事比较烦琐，每年到了科举这几天，各地都会有人给他发作品，遇到有才华的就罢了，遇到字迹凌乱、病句连篇的文章气就不打一处来。顾况询问了白居易的姓名，淡淡地说："长安米贵，居大不易。"他顺手翻开白居易的作品，是一首《赋得古原草送别》，当他读到"野火烧不尽，春风吹又生"这一句时，立马说道："能写出这样的诗句，在长安生活太容易了！"至此，顾况在很多场合，都夸奖白居易的才华，白居易也在29岁时考中进士。按照当时的规矩，皇帝要在曲江宴请新科进士，同时进士们要去大雁塔留下自己的名字。意气风发的白居易提笔写下了"慈恩塔下题名处，十七人中最少年"的句子。

白居易进入仕途后，从周至县尉做到翰林学士，得到一路提拔的他，决心为大唐奉献所有，开始了无休止的谏言之路，多次顶撞唐宪宗。唐宪宗趁着白居易为母亲服丧期间，把他调离要职，做了太子的老师。当时，宰相武元衡被人刺杀，白居易上书严惩凶手，当权者纷纷指责白居易越职进谏，还有人指出，白居易的母亲赏花时，失足掉进井里淹死，可白居易写了大量赏花的诗句，这是典型的不孝。如此无厘头的理由，竟然让白居易被贬江州。

对朝廷失望的白居易此后不愿再回长安任职，晚年游走山水之间，留下了诸多名句，南宋的《白氏文集》曾收录过他3600多篇诗歌。那个长安米贵、雁塔题名的才子早已不露锋芒，他能劝勉自己“面上灭除忧喜色，胸中消尽是非心”，也能对着一位歌女讲出“同是天涯沦落人，相逢何必曾相识”，他年少时怀着遥不可及的梦想，但现实的泪水却打湿了眼眶，可他不曾放弃诗和远方，或许某个夜里，他的思绪里又拾起古老的忧伤，将一生中在长安所有闪亮的日子，留在异乡，轻轻弹唱。

形单影只

千古祭文典范

唐代文学家韩愈被誉为文坛的“泰山北斗”，是唐宋八大家之首。如此成功的韩愈却有着悲惨的童年，韩愈三岁丧父，由哥哥韩会和嫂子带大。韩愈有位侄子韩老成，在同辈人中排行第12位，又叫十二郎，韩愈与侄子年纪相差不大，从小一起长大，感情很是深厚。哥哥韩会和嫂子去世后，十九岁的韩愈到长安城参加科举考试，但他刚正的性格不能融入官场，不断地被贬谪。

韩愈在开封辅佐董丞相时，十二郎去看望他，韩愈希望十二郎一家人搬到开封，没想到一年后，董丞相去世，韩愈就到徐州做了官，自己还没做几天又被免职。韩愈想着自己漂泊无定，就让十二郎先待在老家。几年后韩愈回到长安，晋升为监察御史（类似于今天的最高检察院的检查员），暂时安定下来的韩愈很期待和侄子十二郎相聚，却传来十二郎突然病死的消息，韩愈悲痛欲绝。他们从小相依为命，成年后聚少散多，韩愈心中十分愧疚，为此，写了一篇悼文《祭十二郎文》。文章从侄儿的出生、成长写到分别、病亡，字字动情，句句含泪，很多句子都被引申为成语。

其中一句为：“在孙惟汝，在子惟吾，两世一身，形单影只。”意思是我们韩家儿子这一辈只剩我一个人，孙辈只剩你一个人，非常孤单。成语“形单影只”出自于此。

另一句为：“吾年未四十，而视茫茫，而发苍苍。”意思是我还不到四十岁，但视力模糊，头发花白。你比我还年轻，怎么一去不返呢？成语“白发苍苍”出自于此。

还有一句为：“一在天之涯，一在地之角，生而影不与吾形相依，死而魂不与吾梦相接。”意思是你和我一个在天涯，一个在地角。活着的时候不能和我形影相依，死后魂灵也不在我的梦里显现。成语“天涯地角”就此产生。

最后一句为：“言有穷而情不可终，汝其知也邪？其不知也邪？呜呼哀哉！”意思是文字写完，但情感不能断绝，不知你在九泉下能否知道？成语“呜呼哀哉”出自于此。

《祭十二郎文》被后世广为流传，《古文观止》对此篇评论说：“情之至者，自然流为至文。读此等文，须想其一面哭，一面写，字字是血，字字是泪。未尝有意为文，而文无不工。”故人已去，黄泉路上十二郎独行，韩愈用文字把情感点点收藏，长安的雪落在他的肩上，只恨来不及陪他多走一趟，唯剩两情难相忘。

瓜田李下

为七朝皇帝题字的人

唐文宗年间，在太原做官的柳公绰给宰相李宗闵写了一封信，信中说自己的弟弟苦心钻研文章和书法，现在担任侍书（掌管文书的官员）的官职，这样舞文弄墨的职位让柳公绰深以为耻，请求宰相给他弟弟重新安排一个官职。柳公绰信中的弟弟叫作柳公权，即后来天下闻名的书法家。

唐穆宗继位时，特意召见柳公权，封他为右拾遗，原因仅仅是皇帝在佛寺中见过柳公权的书法，非常喜欢。唐文宗也非常欣赏柳公权，常与他秉烛夜谈。有一次，唐文宗和大臣议事，文宗指着自己的衣服说："我的衣服已经洗过三次了。"大家纷纷奉承皇帝节俭，只有柳公权一言不发。唐文宗不悦，留下柳公权询问缘由，柳公权说："君主所谓的大节，应该重用人才，摒弃奸邪，至于洗过几次衣服，都是小节，无足轻重！"唐文宗愣了半天，觉得柳公权的话很在理，升他做谏议大夫。

公元838年，郭子仪的侄子郭旼（mín）被任命为邠宁节度使（治所在陕西彬州），朝中大臣对这次任命有些负面评价。唐文宗听到风声，询问柳公权原因，柳公权回答："按照郭旼的功劳和品行，封为节度使没有问题，人们所议论的原因是郭旼把两个女儿送到皇宫了，是不是陛下看中了美色，所以升他的官？”唐文宗争辩：“他两个女儿进宫是来看望太后的，跟我有什么关系？”柳公权引用三国曹植的诗回答：“君子防未然，不处嫌疑间，瓜田不纳履，李下不整冠。”意思是正人君子要主动远离一些有争议的人和事，避免引起不必要的嫌疑。成语“瓜田李下”由此得来。唐文宗立刻让人把郭旼的两个女儿送出宫。

柳公权做了一辈子谏官，不曾想晚年却被人弹劾。公元858年正月初一，柳公权带着文武大臣去给皇帝朝贺，从丹凤门到含元殿，寒冷的冬天，八十岁的柳公权在偌大的皇宫里穿梭，不免疲惫，竟然把皇帝的尊号读错了，被御史弹劾，好在皇帝为庆新年，仅仅罚了他一些俸禄作罢。

柳公权在书法上的成就最为人们所熟知，他建立起一整套楷书的规范。从宪宗到懿宗七朝帝王都想尽办法留下他的墨宝；朝廷权贵们为祖先立碑，如果不是柳公权亲自撰写，便认为这是不孝；外国使者来到长安，高价收买柳公权的墨宝。人说“字如其人，恰如其分”，柳公权的一生正是如此，用笔在心，心正则笔正。一人一月立世间，一字一句一华年，颜筋柳骨，笔墨不歇，书写了皇家的纸鸢，书写了雪月几更天，又书写了谁的丰碑与遗言！

春风得意

苦吟派都是处女座

唐代某年冬天，钦差大臣来到武康县（今浙江德清）视察，当地县官为他接风。一个身穿绿衫的小孩无端闯入，县官误以为是乞丐，轰他离开，小孩很生气，说了一句：“家贫人不贫，离地三尺有神灵。”钦差很诧异，出了一个上联考他：“小小青蛙穿绿衣。”小孩看着这位钦差身着大红蟒袍，脱口对出：“大大螃蟹着蟒袍。”在场的人无不为其敏捷的才思叹服。这个小孩叫孟郊，后来成为著名的苦吟派诗人。

孟郊年少时很自闭，独来独往，甚至跑到嵩山隐居。当时的唐朝已经进入中后期，军阀混战，他搬了好几次家，从山东跑到浙江，后来又跑去河南。颠沛流离的生活让孟郊过得十分悲惨，以至搬家的时候，需要向别人借车运送物品，可等车借到后，发现家里的物品少得可怜，根本不需要车。他才华出众，平时爱好写诗，因为没人提拔所以默默无闻，直到41岁，才去长安考进士，一连两次，都名落孙山。妻子和三个儿子因为贫穷也相继离世。公元796年，46岁的孟郊在母亲的催促下，第三次来到长安考试。努力的人总会受到上天的眷顾，发榜的时候，孟郊二字赫然在列。年近半百的孟郊在一堆年轻人中高兴得跳了起来。想想自己不幸的人生终于要翻盘了，他跨上高头大马赶去曲江赴宴，春风拂面，百花盛开，人生得意莫过如此。孟郊诗兴大发写下了一首《登科后》：

昔日龌龊不足夸，今朝放荡思无涯。

春风得意马蹄疾，一日看尽长安花。

“春风得意”和“走马观花”两个成语由此得来。当时的长安城贵为世界最繁华的都城，人来人往，接踵摩肩，马蹄根本飞奔不起来，一日也看不完长安城的花，但此时的孟郊眼睛里处处是繁花，宣纸上字字显得意。可惜春风得意只是一时，后来孟郊只做了一些地方小官，终生未能摆脱贫困。

孟郊曾闪亮一时，但一生多数时间居无定所，饮不尽的孤苦如酒，走不完的漂泊成梦，写不尽的郊寒岛瘦。还好，他的诗中拥有梧桐树、三春晖，还拥有一日看尽的长安花，取次花丛之后，只愿漂泊的人都有烈酒可喝，孤独的人都能纵马放歌。

沆瀣一气

古代最倒霉的师生

“沆瀣”这个词最早出自屈原的《楚辞 · 远游》:“餐六气而饮沆瀣兮，漱正阳而含朝霞。”六气指的是道家所讲的天地间六种精气，其中“沆瀣”（夜间的水气）“正阳”“朝霞”都是六气之一，整句的意思是我吃的是天地间六种精气，饮的是沆瀣，漱口用正阳，口含朝霞，吸纳这些可以获得能量。

晚唐僖宗时期，政局已经非常混乱，当时藩镇割据，边患四起，且内部贪腐之风严重，百姓难以度日，尽管如此，每年长安城的科举考试还是云集了天下的才子。公元875年，又是一年科举时，各方饱读诗书的莘莘学子不顾路途遥远，纷纷来到长安，才华横溢的崔瀣就是其中之一。崔瀣一气呵成，文章写得极为优秀，当时主考官叫作崔沆，曾推举过十几位名士，是当时有名的伯乐。崔沆看到了崔瀣的试卷后，立即对这名学子刮目相看，并亲笔点他上榜。

按照当时的习俗，金榜题名的学子都要拜在考官的门下。于是，在发榜的那天，看到自己榜上有名的崔瀣非常高兴，他立即去拜访了对自己有知遇之恩的崔沆。两人一见如故、相谈甚欢，崔沆非常欣赏崔瀣的才华，而且更巧的是，两人都姓崔，“沆”和“瀣”又都是露水的意思。

崔瀣被录取后，很快就做官上任了，仕途蒸蒸日上，遭到了很多人的嫉妒，甚至还有一些心怀不轨的人把崔沆和崔瀣都姓崔这件事拿出来，大做文章，声称崔瀣行贿，崔沆受贿，两人才会同朝为官。所以有了“座主门生，沆瀣一气。”所谓“座主”，即主考官。科举时代，应试者称主考官为“座主”，自称“门生”。这个故事记录于宋朝学者钱易的《南部新书·戊集》中。

“沆瀣一气”在当时表示意气相投的人结合在一起，后来，这个成语经常被人们当作贬义词来使用，比喻两人同流合污、串通一气。我们常常会说，酒逢知己千杯少，后来发现酒过千杯之后，知己太少。崔沆与崔瀣这对相逢、相识、相知于考场的师徒，曾引为至交，因为名字而被人误会，可谓人言可畏。那段月下相约、对答如流的故事，只在过往的字里行间，记录于野史，然后被讲历史的人娓娓道来。

为他人作嫁衣

诗比人红，命比纸薄

《红楼梦》中有首著名的《好了歌》，有这样一句话："乱哄哄你方唱罢我登场，反认他乡是故乡，甚荒唐，到头来都是为他人作嫁衣裳。"因为《红楼梦》让"为他人作嫁衣裳"这句话颇有知名度。其实这句话最早出现在唐朝。

唐僖宗幼年和宦官田令孜交好，他继位后，田令孜便一步登天，掌管军政大权，在朝中卖官鬻（yù）爵，培植了大量的党羽。当时长安（一说陕西合阳）有一人叫秦韬玉，父亲是宫廷的禁卫军官，但他却独爱文学，多次参加科举考试都没有结果。秦韬玉想不到更好的办法，就去投靠田令孜，做了丞郎（县丞和校书郎一级的官职）。黄巢起义时，长安告急，田令孜随唐僖宗逃往四川，秦韬玉也一路随驾，唐僖宗赐他进士及第，苦苦参加科举多年的秦韬玉终于有了张正式进士的文凭。后来，田令孜又引荐他做了工部侍郎（掌管全国工程事务的官员，属于正四品），当时人们评价他为"巧宦"（善于谄媚的官员）。秦韬玉的故事记录于元代文学家辛文房所著的《唐才子传》。

秦韬玉在唐朝历史上只是沧海一粟，对于我们来说更是陌生，但是他还有一个诗人的身份，而且有一首《贫女》，千古留名。

蓬门未识绮罗香，拟托良媒益自伤。

谁爱风流高格调，共怜时世俭梳妆。

敢将十指夸针巧，不把双眉斗画长。

苦恨年年压金线，为他人作嫁衣裳（cháng）！

诗中写了一位家境贫寒的女子聪明能干，吃苦耐劳，但始终没能嫁出去。诗的最后两句“苦恨年年压金线，为他人作嫁衣裳”被后人反复提及。古代“衣”指上衣，“裳”指下裙。诗中女子家里贫寒，每天为达官贵人做一些手工活，用的都是材质非常奢华的金线，作了无数套嫁衣，却买不起一件属于自己的嫁衣。有人说这是秦韬玉早年心高气傲所作，也有人说这是他投奔田令孜后没有实现理想所作，还有人说这首诗借着这位作嫁衣的女子来写诗人自己的命运，才华横溢却受制于当时腐败的朝廷。穷守一生也好，寄人篱下也罢，秦韬玉其实就是那个心灵手巧的女子，为他人作了无数次嫁衣，早已卑微到尘埃里。

秦韬玉的一生如这首诗，看遍世间所有无奈，在宦海和理想之间无数次徘徊，繁华或许不过是短暂的开场白，秦韬玉的剧情只剩下尘埃，装饰别人的梦留下自己的残骸，在接受宿命的安排之外，只有他的诗歌，不会在人海掩埋，不必在时光里等待。

情感

The Chang'an story

天作之合

史上第一个实行胎教的家庭

今陕西渭南合阳，在商朝末年是有莘氏部落的辖地，这里出了一位公主，叫作太姒（sì）。人们都说："天上神仙我们没见过，可这太姒却是人间的仙女！"太姒不光长得美，还心灵手巧，乐于助人。名气越传越远，远在宝鸡的西伯侯姬昌就派使者去拜访。使者经过考察，回去告诉姬昌，太姒貌美如花，人见人夸。姬昌从此陷入了痛苦的相思中，求之不得，辗转反侧。

姬昌决定为自己的感情亲自走一趟，就带着聘礼来到了合阳县，有莘氏的首领隆重接待了姬昌。姬昌提出想迎娶太姒，获得了对方的同意。当时渭水阻隔，迎亲甚为不便，姬昌在渭水河上，用船串联起一座浮桥，很是壮观。姬昌能娶到这位美丽的公主，西岐的老百姓都深感荣幸。小伙伴们纷纷赞美这桩婚姻简直是老天爷的美好安排。《诗经·大雅》写道："文王初载，天作之合。"成语"天作之合"由此得来。诗经第一篇《关雎》里这样写道："关关雎鸠，在河之洲，窈窕淑女，君子好逑。"从汉朝的毛亨、毛苌（cháng）开始，历代很多学者考证，《关雎》就是赞美太姒和姬昌的这段浪漫的爱情故事，后来就用"窈窕淑女"专门指文静、美好的女子。太姒贤良淑德，为姬昌生下了10个儿子，其中包括代父受罪的伯邑考，问鼎天下的周武王，辅政治国的周公旦。

太姒的婆婆叫作太任，是中国历史上第一个实行胎教的母亲。她怀孕的时候，非常注意自己的言行举止，时刻想着为孩子做好表率，因此西伯侯姬昌十分聪明。姬昌的奶奶叫作太姜，她辅佐自己的老公古公亶（dǎn）父把部落从甘肃迁到宝鸡，并发展农业，受到百姓的称赞。因为周文王姬昌的祖母太姜、母亲太任、妻子太姒三个人的名字里都有一个“太”字，所以后来的达官贵人就将自己的妻子称为“太太”，希望妻子能够以三位伟大的女性为榜样，成为自己的“贤内助”。

今陕西渭南合阳处女泉旁，还时常有人吟诵《关雎》。三千年前的历史真实性已经无从考证，但天作之合的故事却让人向往。愿我们都能像姬昌一样在人海茫茫中和知己相遇，所爱之人都能成为你的爱人，且挚爱你一人；愿我们往后路途，深情不再枉付，天堑亦有通途。

杨柳依依

老兵不死，只会慢慢凋零

“昔我往矣，杨柳依依。今我来思，雨（yù）雪霏霏。行道迟迟，载（zài）渴载饥。我心伤悲，莫知我哀！”这是《诗经·小雅·采薇》中的名句，被誉为《诗经》中最唯美的一段话。《诗经》分为风、雅、颂。“雅”又分小雅和大雅，大雅多为西周早期作品，小雅以西周晚期厉、宣、幽王时期的作品居多。薇是草本植物，“采薇”就是采摘野菜。

周厉王时期，严苛的制度让百姓暴动，君主被赶下台。周宣王在大臣的保护下继位，决定重振西周的雄风，开始了一系列的征讨。其中有一支叫作猃狁（xiǎn yǔn）的游牧民族，他们的祖先生活在北方寒冷之地，与西周的祖先周太王进行了长期的战争。周太王为避其锋芒，迁都岐山。到了周文王、周武王时期，国力强盛，对猃狁进行了大规模的打击，猃狁俯首称臣。随着西周衰落，猃狁又开始蠢蠢欲动，在周厉王时期，猃狁就曾劫掠过镐京。周宣王继位五年，猃狁出兵焦获（今陕西泾阳西北），威胁镐京，周宣王一战打败对方，并追击到甘肃。公元前816年，周宣王又主动进攻，才让猃狁不敢来犯。周宣王连年用兵，很多士兵战死沙场，两军交战，朝不保夕，粮草更是时断时续，士兵们采摘野菜、野果充饥成了常有之事。

《诗经·小雅·采薇》这首诗，学术界多认为是记载征讨猃狁过程中的故事。在一个寒冬腊月，一位解甲退役的老兵在返乡途中独自行走。打了一生的仗，也落了一身的伤，举步维艰，道路漫漫，家乡越来越近，边关也越来越远，此刻，这位老兵遥望家乡，不禁思绪万千。出征的时候，那是一个阳光明媚的春天，与家人挥手道别；如今九死一生回到家乡，此去经年，亲人还在吗？谁在村头的杨柳树下翘首以盼？谁又在冬日的柴火旁等我把酒言欢？只有漫天飞雪中一个被沉重的乡愁压着垂垂老矣的孤独身影，步履蹒跚地走向那熟悉而又陌生的回家路。“昔我往矣，杨柳依依。今我来思，雨雪霏霏。行道迟迟，载渴载饥。我心伤悲，莫知我哀！”短短几句话，沁人肺腑，流传千古。

故事写到此，再细腻的文字也显得单薄，唯改动苏轼的词来结束这一篇：兵戈胸中藏，云海天涯两渺茫。何日功成名遂了，还乡，醉笑陪公三万场。不用诉离觞，痛饮从来别有肠。今夜送归灯火冷，痴狂，留锦书几行，听乡音回荡。

魂断蓝桥

美国电影来源于陕西，你信吗

春秋时，有个叫尾生的年轻人，和一位姑娘一见钟情，私订终身，但是姑娘的父母却极力反对。为了追求爱情，尾生决定和姑娘私奔，两人约定在城外桥边会和。黄昏时分，尾生提前来到桥边等候，不料天气突变，狂风怒吼，大雨倾盆而下，引起山洪暴发，河水骤涨。尾生看着茫茫河水，又环顾四周，不见姑娘倩影，但誓言不可违背，他死死抱着桥柱等待，任河水漫过自己的身体，最终溺水而亡。

这个故事记录于《庄子 · 盗跖（zhí）》，后人同情尾生，给这个故事加了一个结局：姑娘没有赴约的原因是父母禁锢家中，等到她逃出家门，来到城外桥边的时候，大雨渐渐停息，河水褪去，姑娘抱着尾生的尸体痛哭，并纵身跳入河中殉情。因为故事太过凄美，引得很多学者考证故事的发生地，有说在陕西韩城，还有说尾生所抱之桥位于蓝田县的兰峪水上，称为“蓝桥”。蓝桥成了中国古代爱情悲剧的代名词。

时间来到1940年，美国经典电影《Waterloo Bridge》上映，讲述的是一战时期，一位将军爱上了一个跳舞的女孩，正当两人准备结婚的时候，将军被派到前线，于是分开。后来女孩得知将军在战场上以身殉国，万念俱灰，为了生存，被迫沦为风尘女子。然而命运弄人，将军并没有死，多年后回到家乡，两人重逢，但是女孩自认配不上将军，来到初次见面的滑铁卢大桥上结束了自己的生命。这部影片被誉为电影史上三大凄美不朽的爱情影片之一，片中主题曲《友谊地久天长》更是广为流传。当这部电影要在中国播出时，片名纠结了很久，《Waterloo Bridge》直译的意思是“滑铁卢桥”，大家觉得这个名字不能反映影片的内容，广泛征集片名，一位女士用上了尾生殉情的蓝桥，给影片命名为《魂断蓝桥》，获得编译组的认可，成为中文片名。

时间过去千年，兰峪水上多少身着白裙的女子从这里走过，又有几多少年在夕阳下回溯过尾生的故事，而已经斑驳的桥下又生出多少红莲？人世的遗憾总是牵连着苍茫的爱恋。河水带走那个雨夜许下的诺言，或许来世他们抛开束缚能够相依相伴，只可惜再也回不到误了浮生的匆匆那年。

乘龙快婿

秦国公主也追星

春秋时期，秦穆公非常宠爱自己的小女儿弄玉，但弄玉性格内向，厌倦王宫里世俗的礼仪，也不愿作为政治筹码嫁到其他诸侯国，唯独热爱音乐，且对乐器无师自通。秦穆公给她修筑了一座凤台，供其在此研究音乐。

某天晚上，弄玉独自在凤台赏月吹笙（中国古老的吹奏乐器），从远处传来一阵悠扬的洞箫声，如泣如诉，扣人心弦，一连几天，都是如此。弄玉将此事告诉秦穆公，并表达了自己作为洞箫声音的粉丝，想要寻找这位高人。秦穆公派人四处查找，在华山上找到一位年轻的隐士萧史，带回雍城。萧史在雍城王宫凤台受到了秦穆公的接见，他相貌英俊，举止优雅。萧史拿出洞箫，这只萧色泽温润，乃稀世珍宝。萧史演奏完第一曲，清风习习而来；演奏完第二曲，天上的彩云从四方聚合；演奏完第三曲，百鸟跟着合鸣，好长一段时间才散去。秦穆公听完十分欣喜，告诉萧史，公主弄玉想寻求一位音乐知音为伴侣，萧史答应与弄玉结为夫妇。

成婚后，秦穆公授予萧史官职，允许其不参与朝政。萧史和弄玉居住在仙游寺（今陕西西安周至县城南17公里的黑水峪口），不食人间烟火，终日沉醉在音乐之中。某一天，两人再度月下吹箫，引来一条赤龙和一条紫凤在空中盘旋，萧史告诉妻子："我本是上界神仙，在华山守护，与你有夙缘，故以箫声相邀，你我二人不可贪恋尘世太久，今日龙凤来迎，可以走了。"弄玉大为惊讶，想辞别秦穆公，被萧史拒绝，萧史乘龙、弄玉乘凤双双升空而去。成语"乘龙快婿"由此得来，表示才貌双全的女婿。

这个传说出自小说《东周列国志》，不必作为正史看待。接近乘龙快婿的正史记录于《魏书·刘昞传》中，北魏刘昞（bǐng）十四岁拜大学者郭瑀为师。郭瑀有个女儿刚刚成年，想从五百多弟子中挑选女婿，于是他设一个席位说："谁坐上这个席位，我就将女儿嫁给他。"刘昞当仁不让，入座后说："我刘昞就是您的快婿（这里的"快"解释为称意、合格）。"郭瑀就把女儿嫁给了他。

人们用"乘龙快婿"这个故事说明"易求无价宝，难得有情郎"的道理，有情郎或许是邻家穿着洁白衬衣的哥哥，或许是影视剧中风度翩翩的少年，或许是清风明月的相濡以沫，抑或只是柴米油盐的得过且过，到头来，不必分辨谁对谁错，亦不必兑现多少承诺。

金屋藏娇

当爱已成往事

公元前153年，汉景帝立刘荣为太子。汉景帝的姐姐馆陶公主想争取更大的权力，就找到刘荣的母亲栗姬，想把自己的女儿陈阿娇嫁给太子，亲上加亲，也能找到政治靠山。栗姬素来厌恶馆陶公主混乱的私生活，而且馆陶公主经常给汉景帝送美人，醋意满满的栗姬便义正词严地拒绝了她的要求。

馆陶公主又找到汉景帝的另一位夫人王娡，抱着王娡年仅四岁的儿子刘彻，指着身边的宫女问："彻儿以后想讨这样的媳妇儿吗？"刘彻摇头。馆陶公主指着自己的女儿陈阿娇问刘彻，刘彻回答："如果能够娶到阿娇姐姐，就造一座金屋子给她居住。"馆陶公主和王娡定下了这门婚事。从此馆陶公主开始在汉景帝面前不断诋毁栗姬，称赞刘彻，王娡也在暗中运作，争取使储君重新洗牌。而情商不高的栗姬在宫廷斗争中不断犯错，汉景帝终于废掉刘荣，改立刘彻为太子。

公元前141年，汉景帝驾崩，刘彻继位，是为汉武帝，立陈阿娇为皇后。汉武帝能顺利登基，陈皇后一家居功至伟，她也因此变得骄横，加上并未给汉武帝留下一男半女，汉武帝爱上卫子夫就顺理成章了。陈皇后得知后，寻死觅活，大行巫蛊之术，诅咒皇帝和他身边的女人。东窗事发后，陈阿娇被废，住到长门宫中（今陕西西安东南）。陈阿娇一生不懂放手，亦不知解脱，听说蜀中才子司马相如学富五车，她便以黄金相赠，请求司马相如为自己的感情写赋。司马相如以一首《长门赋》写尽新人欢笑、旧人惆怅的故事，用词极为华丽，迅速火遍长安城，人人争相传唱，但汉武帝的心却没有再起波澜。

“金屋藏娇”的故事正史并无记载，而是出自魏晋时期的志怪小说《汉武故事》。“长门买赋”的典故出自于南朝的《昭明文选》。汉武帝南扫百越，北拒匈奴，青史留名，是为一代雄主，可惜他的故事里，不会再有陈阿娇的戏份了。幽幽的深宫中，阿娇的余生皆被辜负，死后静静地葬在霸陵邑。

两小无猜的岁月成了文学作品中泣血的诗行，说什么金屋藏娇的童年梦想，又说什么长门买赋的人走茶凉，秦砖汉瓦总是泛起旧时光，那个痴痴等待的女子终日挂着红妆，秋蝉挽唱，谁会听她诉说凄凉？残歌未央，又有谁埋葬她的寸断肝肠！

姗姗来迟

谁是汉武帝最牵挂的人

汉武帝先后立过两任皇后，陈阿娇帮助武帝继位，虽有功，但属于政治婚姻，婚后其骄横跋扈，被打入冷宫；歌女卫子夫做皇后谨小慎微，弟弟卫青、外甥霍去病为大汉立下不世之功，但被人诬陷，三尺白绫结束了一生。

晚年的汉武帝倍感孤独，宫中有一位宫廷乐师叫作李延年，在一次演奏时唱道："北方有佳人，绝世而独立，一顾倾人城，再顾倾人国。宁不知倾城与倾国，佳人难再得。"成语"倾国倾城"来源于此。汉武帝对他口中倾国倾城的佳人十分感兴趣，李延年乘机进献妹妹李夫人。李夫人美若天仙，又精通歌舞，深得汉武帝喜爱。

好景不长，李夫人年纪轻轻便病入膏肓。汉武帝前去探望，李夫人用被子蒙着脸，汉武帝说："夫人重病，恐怕不能长久，能否让朕见你最后一面？"李夫人背对着汉武帝说："臣妾满脸憔悴，没有任何装饰，不能见陛下。"汉武帝承诺："我只想再看你一眼，你走了我会好好赏赐你的家人。"李夫人回答："赏不赏赐全在陛下一句话，不在于见我。"汉武帝很生气，只好离去。旁边的人责怪李夫人违背陛下的意思，担心汉武帝责怪，李夫人说："像我这样出身卑微，能得到恩宠，完全是靠着美貌的外表，如果哪一天我不漂亮了，很快就会有人取代，我想把最美的样子留在陛下的心中。”

李夫人死后，汉武帝将她陪葬在茂陵旁，加封她的哥哥李广利为贰师将军，后又因军功封海西侯。即使这样，汉武帝对李夫人仍日夜思恋，画下她的样子每日观看，甚至还请方士设坛作法，希望能再睹她的芳容。在作法的烟雾缭绕中汉武帝恍惚看见李夫人美丽的倩影翩然而至，而后缓缓离开。痴情的汉武帝更加伤心，说了一句：“是邪？非邪？立而望之，偏何姗姗其来迟。”意思是是你吗？为什么这么晚才来？成语“姗姗来迟”因此得来，原本指女子走路缓慢从容的姿态，后来也表示事情或者人很晚才到来。

汉武帝一生美人无数，唯独李夫人让他魂牵梦萦。在《汉书》的字里行间里我们看到，孤家寡人的寂寞在指尖飘荡，红颜薄命的舞者泛起当初的模样，忆那一抹倩影，念那一段沧桑，只化为一场春梦，聚散无常。

故剑情深

皇帝和民女的旷世奇恋

汉武帝晚年，太子刘据的居所突然闯进一群不速之客，他们从刘据家中搜出巫蛊的器具，都尉江充指出太子诅咒汉武帝，刘据百口莫辩，慌忙之中，杀掉江充。为求自保，刘据起兵造反，后死于乱军之中，这就是“巫蛊之祸”。

刘据的孙子只是个嗷嗷待哺的婴儿，也因此获罪，收监坐牢。当时看守牢房的丙吉心地善良，找来奶妈喂养这个婴儿。牢房里环境非常糟糕，这个孩子经常得病，丙吉给他取名为刘病已，意思是孩子的病已经全好了，以后平平安安。丙吉每个月都会从自己的俸禄中拿出很多钱供刘病已生活。汉武帝死的时候，反省巫蛊之祸，下令让刘病已重回皇家族谱，并到掖庭宫（宫女及皇族犯人居住之地）居住。在这里，刘病已认识了官职很低的许广汉，许广汉把女儿许平君嫁给了这位没落王孙。许平君对丈夫体贴入微，结婚的第二年，生下儿子刘奭（shì）。

继承武帝的汉昭帝突然驾崩，新继位的昌邑王刘贺仅仅当了28天皇帝，就被辅政大臣霍光废黜。皇位出现真空，已经位居光禄大夫的丙吉向霍光推荐了刘病已，霍光考察完刘病已的品德才华，又因为他全家皆死于巫蛊之祸，没有任何势力，容易控制，刘病已顺利成为大汉王朝的第十任皇帝，改名刘询，史称汉宣帝。

当了皇帝的刘询忌惮霍光大权在握，对霍光言听计从，但在立皇后的问题上出现分歧。当时所有人都认为霍光之女霍成君是最佳人选，霍光也想借这门婚事，把控住天子。不曾想皇帝却下了一道莫名其妙的诏书，诏书上写道："自己在贫微之时曾经有一把很旧的宝剑，现在我十分的想念它，让文武百官将其找回来。"这道寻故剑的旨意情真意切，每字每句都在讲述皇帝眷恋旧情。情商高的大臣悟到了皇帝还有糟糠之妻，转而力荐许平君入主后宫。成语"故剑情深"由此得来。所谓"明枪易躲，暗箭难防"，没当上皇后的霍成君怀恨在心，她的母亲设计毒死许皇后，霍家顺理成章将霍成君送进皇宫，成为皇后。公元前68年，霍光去世，汉宣帝趁机剿灭其党羽，霍皇后也被废掉。

"故剑情深"的故事记录于《汉书·外戚传》。人说深情不及久伴，厚爱无须多言，刘病已和许平君少年时青梅竹马，淡饭粗茶，谁曾想生于帝王家，转眼富贵荣华，从此皇宫中仅剩下尔虞我诈，名利厮杀；长安城里带走了她的牵挂，后来即使刘询君临天下，奈何心中的那一抹芳华，早在多年以前，随夕阳渗进了晚霞，成为少陵塬（许皇后陵墓，位于今陕西西安长安区大兆乡司马村，因规模小于杜陵，后人称之为少陵）上的枯骨白发。

画眉

自带美颜功能的张敞

中国历史对于夫妻恩爱的故事着墨不多，仅存的些许故事，也是女性的付出多于男性。“相敬如宾”中郤（xì）缺的妻子跪着让他吃饭，郤缺称谢；“举案齐眉”里梁鸿的妻子将食物托举到眉间，侍奉夫君。文学作品里，妻子就更是主导全局，白素贞水漫金山寺，崔莺莺待月西厢记，杜十娘怒沉百宝箱，哪一个女性不是顶天立地，让男人汗颜。但历史上有一位叫张敞的人，和以上均不一样，他疼爱妻子的故事甚至惊动了皇帝，还形成当时长安城的流行趋势。

张敞是西汉时期一位很有能力的官员，在刘贺当皇帝的时候，因直言劝谏而被罢黜，汉宣帝年间又被重新启用，担任京兆尹。当时长安城治安不好，盗贼很多，百姓深受其苦，张敞设计将盗贼一网打尽，长安城焕然一新。朝廷每当有大事商议，张敞都能引经据典，给出合理的解决方案。

私下里张敞没有官架子，拿着一把扇子，随意在长安的大街上闲逛。最离奇的是张敞有个爱好，为妻子画眉。据说，张敞小时候很顽皮，和一群小孩投掷石头，失手打伤了一个女孩的眉间，因为害怕就跑掉了。很多年后，张敞已位居高官，听人说有一女孩因眉间有缺陷未能出嫁，张敞调查后确认就是自己幼年误伤的女子，便亲自上门提亲。婚后，每天早上张敞都要替妻子画眉，来遮挡眉间的印记，而后才去上朝，时间一久，他画眉的功夫出神入化，当时整个长安城的少女纷纷效仿。有好事者去汉宣帝面前告状，认为张敞身为朝廷命官，却热衷于闺中之事，不成体统，应该治罪。汉宣帝找来张敞问话，张敞回答："夫妻之间，有比画眉更私密的事情，陛下想听么？"汉宣帝听完大笑，便不再过问他的家事。汉宣帝一朝对张敞一直很信任，直到汉元帝时，张敞因病去世。

张敞的故事记录于《汉书 · 张敞传》，张敞画眉也成为历史上非常有名的风流韵事，之后人们便用此来比喻夫妻恩爱。回顾张敞一生，幼时飞石误伤，谁怜如水容颜；少时长安古道，朝堂对答声远；后来，夫妻轩窗淡妆，青丝垂幔。叹有缘再见，执画眉深浅。

人生若只如初见

清朝纳兰容若的词清秀婉约，句子中带有哀伤、令人神往，他最为出名的词当属《木兰花 · 拟古决绝词柬友》，这首词写于北京，原本和西安无关，仔细考证，词中故事竟都发生在长安，原词如下：

人生若只如初见，何事秋风悲画扇。
等闲变却故人心，却道故人心易变。
骊山语罢清宵半，泪雨霖铃终不怨。
何如薄幸锦衣郎，比翼连枝当日愿。

词的前半部分，讲的是班婕妤的故事。说起班婕妤，人们往往冠以“才女”之名。她是班固、班超的祖姑，其父班况是汉武帝时期的将领，北击匈奴，立有战功。她自幼长于诗赋，文采出众。

汉成帝继位后，班婕妤被选入后宫，因为美貌和才学兼备而受到皇帝的专宠。同时她深明大义，皇帝要求她同车出游，班婕妤拒绝，原因是圣明之君，身边是贤臣，亡国之君，车上才坐美人。但是汉成帝终究不是明君，他很快将赵飞燕姐妹接入宫中，开始了荒淫无度的生活。赵飞燕姐妹常常排挤、陷害班婕妤，班婕妤不愿后宫争宠，也对汉成帝失望透顶，自请侍奉皇太后。汉成帝驾崩后，班婕妤提出到帝陵守墓，帝陵的宏伟与她的孤单互相映衬。一年后，她与世长辞。班婕妤曾创作一首《团扇诗》，把自己比喻成秋天的扇子，夏天结束，就被皇帝遗弃。纳兰容若《木兰花 · 拟古决绝词柬友》前半部分的故事便来源于此，词的下半部分写的是唐明皇和杨贵妃的爱情故事。

纳兰容若这首词其实是写友情的，假借两段长安城的爱情展现出女子和伤害她的男子分开的情景，用爱情来说明友情也应该始终如一。几百年后，我们已经无法知晓作者当年这首词是写给何人，也无法判定当时触动他写词的事情，只有那句脍炙人口的“人生若只如初见”流传至今。

现实中，我们在很多场合都会用到“人生若只如初见”这一句幽怨的话。我们渴望始于初见，止于终老，但是人生的际遇往往不回头，亦不回眸，直到喝过最烈的酒，放过不该放的手，才知道，初见的感觉永远说不出口。

温柔乡

掌上跳舞的女人

公元前18年，汉成帝去往阳阿公主府串门。阳阿公主为了取悦皇帝，把养在府中的女子都叫了出来为皇帝表演歌舞，其中一位叫赵飞燕的女子生得国色天香，歌声婉转，舞姿曼妙，汉成帝一眼相中，带回皇宫。同时，赵飞燕推举妹妹赵合德共同侍奉君主，汉成帝开始了他放纵的一生。

有一次，赵飞燕正在表演舞蹈，突然狂风大作，身轻如燕的她感觉要被大风吹走，汉成帝急忙让人拉住，等到风停的时候，赵飞燕的裙子都被人抓皱了，从此，宫中便流行起了有褶皱的裙子，取名为“留仙裙”。汉成帝还专门为赵氏姐妹修建了昭阳宫，昭阳宫东阁内有含光殿，西阁内有凉风殿，汉成帝专宠赵氏姐妹，对其他妃嫔不屑一顾，并称赵氏姐妹为“温柔乡”，“温柔乡”这个词语出自于此，还说：“我就老死在温柔乡算了，决不像汉武帝一样还要去寻求什么长生不老丹！”

汉成帝在处理政事上也是昏招迭出，一次性封了外戚五个舅舅为侯，年仅30岁的王莽就是在此时身兼数职成为重臣，为此后汉朝灭亡埋下伏笔。

公元前7年的一天，汉成帝刘骜夜宿未央宫，与赵合德又是一夜春宵，第二天清早起床，弯腰系袜带时，突然头晕目眩，倒在床上，再也没能起来，告别了花花世界，葬于延陵（今陕西西安西咸新区渭城街道周陵乡马家窑村）。刘骜驾崩，群臣指责赵合德狐媚惑主，祸乱朝政，逼她自杀。赵飞燕因为拥立新皇帝刘欣有功，幸免于难，但王莽掌权后，以杀害皇子之罪，逼迫赵飞燕自尽。两位绝世美人，香消玉殒，不得善终。

汉成帝贪恋风月场，萦绕美人香，因而赵氏姐妹凭着一支轻歌曼舞惹了流光，一首歌余音亦绕梁。昭阳宫里时光只道寻常，延陵封土上长夜未央，汉王朝的江山从此走向灭亡。晚年赵飞燕守过延陵，前世种的花开在今生的路旁，悔恨的泪水滴在墓碑上，共赴黄泉，永世难忘。

知遇之恩

恩情原不分忠奸

公元192年，欺凌天子作威作福的董卓被杀，弃尸于闹市，百姓拍手称快，人人唾之，但有一人倒地痛哭，对董卓的死表示哀悼。此人是谁？他和董卓之间又有什么关系呢？

此人叫蔡邕（yōng），是东汉末年有名的书法家和文学家，他的赋篇幅短小精悍，语言清新。他擅长写隶书、篆书，而且在音乐上也有很高的造诣，对后世产生了深远的影响。

如此才子却遭逢乱世，当时诸侯林立，董卓担任太师，把持朝政，诛杀意见不合的大臣，他的军队还扰乱百姓，导致朝野上下怨声载道。董卓还积极寻求各个阶层的支持，对于蔡邕的才华自然有所耳闻。董卓邀请他做官，蔡邕知道董卓不得人心，便托病推辞，董卓以灭他三族为威胁，蔡邕才勉强答应。此时董卓废掉原本的皇帝，让陈留王（史称汉献帝）继位，引起天下公愤，诸侯纷纷带兵讨伐，董卓为避其锋芒，携汉献帝和蔡邕等人迁都到长安，此后蔡邕在董卓手下不断升官，封为侯爵。董卓此时已有自立为天下之主的想法，而朝中很多人计划着要除掉他。司徒王允精心设计了一场连环计，先让美人貂蝉（演义人物，历史并无明确记载）迷惑大将吕布，又将貂蝉送给董卓，让貂蝉从中离间，董卓和吕布两人从此翻脸。王允再拉拢吕布密谋杀掉董卓，安排妥当后，有大臣假装提出汉献帝将让位于董卓，让董卓接受禅位，董卓欣然赶往皇宫，行至西安门（今陕西西安未央区马家寨）时，吕布率众斩杀董卓，董卓的尸体被抛在长安的大街上，遭人人唾弃。

司徒王允为国家除掉权臣，召集满朝文武一起庆祝，这个时候手下来报，说蔡邕趴在董卓的尸体上大哭。王允十分震惊，质问蔡邕：“董卓乃是乱臣贼子，死不足惜，你不和我们一起庆祝，反而伤心，是什么意思？”蔡邕回答：“邕虽不才，亦知大义，岂肯背国而向卓？只因一时知遇之感，不觉为之一哭。”成语“知遇之恩”由此得来。王允将蔡邕关进大牢，很多人替蔡邕求情，认为蔡邕是个人才，不必杀他，王允就是不许，最后蔡邕死在大牢中。

蔡邕的故事记录于《后汉书》，后来《三国演义》第九回中他的故事经过加工，更为大家所熟知。给予赏识和重用的恩情叫作知遇之恩。演义中的董卓一生残暴，欺凌天子，为祸百姓，但世上的人没有绝对的好坏，他重用知识分子，故有蔡邕悲恸欲绝，不负昔日恩情。岂知蔡邕晚节不保，万般恩情从此绝，只落得，一行隶书照诗魂，恩情还在，春秋不改。

破镜重圆

跨越两朝的爱恋

公元587年，隋文帝列举陈后主20条罪状，让杨素带领隋朝大军南下攻打陈朝，统一全国势在必得。两年后，建康（今江苏南京）城破，按照惯例，亡国之君及其贵族不允许在原都城居住，要迁往大兴城（今陕西西安），其中就包括陈后主的妹妹乐昌公主。

乐昌公主美艳如花，和当时的才子徐德言结为夫妇。但隋朝大军一到，她将被劫掠到大兴城。丈夫徐德言流着泪对她说："国家沦丧，夫妻分别，生死未知，如果此劫后你我都活着，应当有个信物相见。"说完他把梳妆台上一块铜镜摔成两半，交给乐昌公主一半，作为信物。他说："如果有机会再见，以后每年的正月十五，你一定要拿着这半块铜镜去大兴城市场上卖，如果我还活着一定去找你。"陈朝灭亡后，隋文帝将乐昌公主赏赐给功臣杨素，杨素对她宠爱有加，但乐昌公主整日郁郁寡欢。

徐德言在战乱中侥幸活了下来，几经辗转来到了大兴城。某年正月十五，他来到了利人市（今陕西西安劳动南路大唐西市景区），市场上琳琅满目，叫卖声不断，一位老者在叫卖半块铜镜，而且要价很高，周围人都觉得不可思议。徐德言闻讯赶过去，拿出自己的半块铜镜，无缝拼接。徐德言声泪俱下，向老人询问了妻子的下落，得知她已经成了当朝大将杨素的妾室，就在铜镜上写了两句诗：

镜与人俱去，镜归人不归。

无复嫦娥影，空留明月辉。

老人拿给乐昌公主看，乐昌公主泪如雨下，想到与丈夫咫尺天涯，难以相见，也写了一首诗：

今日何迁次，新官对旧官。

笑啼俱不敢，方验做人难。

杨素觉察到乐昌公主情绪的变化，再三询问才得知缘由，为二人的真情深深感动，于是很大度地成全了这对夫妻，还赠送许多钱财让他们从大兴城回江南故里养老。

这个故事叫作“破镜重圆”，记录于唐朝孟棨（qǐ）的《本事诗 · 情感》和韦述《两京新记》中。徐德言在最美的年华里，遇见乐昌公主，此后等待的心酸，相遇的喜悦，让命运变得十分玄妙，比起撕心裂肺的分离，破镜重圆的美好才更让人动容。人说世间所有相遇都是久别重逢，因为曲终未必人散，有情自会再见。

英果类己

唐太宗失败的育儿经历

唐朝历史上，有一人既是大唐的皇子，又是隋朝的皇孙，继承了两个王朝的皇族血脉，可他的一生却颇为悲情，以至于后世很多人为其翻案，替他鸣不平。他就是李恪，一个悲情的王子。

公元619年，唐太宗与隋炀帝之女杨妃的儿子出生，取名李恪。少年时的李恪善于骑射，文武双全，唐太宗对他也格外偏爱。常常在大臣面前称赞李恪“英果类己”，意思是英勇果敢很像自己。这句话让后世猜测，李世民这么爱李恪，却为何不把皇位传给他呢？

古代帝王立储讲究“立嫡立长不立贤”，皇后所生的孩子叫嫡子，这些人是有资格继承皇位的。李世民最初立长孙皇后所生的长子李承乾为太子，但是在教育方式上出了重大问题，唐太宗有点灰心，转而宠爱第四子李泰。给李泰的封赏甚至超过了太子，各方面的压力让太子李承乾几乎崩溃。严重的逆反心理，让李承乾发动政变，想提前继位，但事情败露，太子被废。魏王李泰见时机已到，便结党营私，向唐太宗保证，立他做太子，他死后将杀掉自己的儿子让位给弟弟李治，唐太宗当然明白杀子传弟的谎言，就排除了他的继承权，立长孙皇后所生的李治为太子。不久之后，他发现李治太柔弱，就找来了宰相长孙无忌，考虑让李恪做太子，长孙无忌当即反对，李世民说："因为李治是你亲外甥，你才反对李恪做太子的吗？"长孙无忌说："李治仁厚，是可守成的储君，太子之位，向来立嫡子，希望陛下慎重考虑。"李世民最后还是打消了让李恪继位的想法。毛泽东在阅读《二十四史》的时候，写下：李恪英物，李治朽物，李世民可谓聪明一世，懵懂一时。

公元653年，高阳公主和房遗爱等人谋反，长孙无忌威逼房遗爱诬陷李恪参与谋反，李恪被冤杀，大唐最悲情的王子走到生命的尽头。2005年，陕西省西安长安区博物馆的工作人员在羊元村基建工地，发现了李恪的墓葬。

《新唐书》和《旧唐书》都有关于李恪的记载，这位大唐的王子在史书中没有透露出争夺皇位的意思，论智谋，他远胜于太子承乾；论学识，他不逊于魏王李泰；论胆识，他更胜过晋王李治。他带着几分天真的稚气和骨血中的狂妄，来到大唐，因为庶出，我们不了解他心中有着怎样的彷徨，被诬陷时，无力反抗，回头望，长安城仅剩一抹夕阳，这抹夕阳红的悲艳，红的凄凉。

望陵毁观

千古第一贤后

隋文帝仁寿元年（公元601年），在大兴城永兴坊，隋朝右骁卫将军长孙晟的小女儿出生，乳名观音婢。这位看似普通的女子，却在日后成为另外一朝一国之母，千秋留名。

观音婢十三岁的时候，在舅舅高士廉和哥哥长孙无忌的撮合下，嫁给了唐国公李渊的二公子李世民，随后隋朝覆灭，李世民开始了征讨各地军阀的战争。公元618年，李渊在长安称帝，封李世民为秦王，册封观音婢为秦王妃。天下统一后，李世民发动玄武门之变，成为大唐第二位皇帝唐太宗，封观音婢为皇后，史称长孙皇后，封长孙无忌为齐国公，担任尚书右仆射，长孙一家也多有封赏。长孙皇后喜欢阅读，知书达理又见解独到，既是唐太宗的妻子，又是他很好的搭档，她经常劝谏唐太宗说："臣妾已位居皇后，尊贵至极，自己的家人就不要给予太多的官职了，汉朝就是亡于外戚专权。"

唐太宗与长孙皇后的爱女长乐公主出嫁时，唐太宗准备了超出公主级别一倍的嫁妆，遭到魏征的反对，长孙皇后公开赏赐了魏征，并鼓励魏征继续保持劝谏的品质。长孙皇后为李世民生下三个儿子，四个女儿。贞观十年，长孙皇后病重，众人都要求唐太宗大赦天下，为皇后积德，长孙皇后以国家法度不能因一人更改，拒绝了大家的好意。唐太宗又下令修葺三百多座寺庙，为皇后祈福。尽管如此，36岁的长孙皇后还是与世长辞。死前叮嘱李世民，自己的陵墓一切从简。唐太宗将她安葬在昭陵，亲自撰写碑文。

因为太过思念妻子，唐太宗在上苑中建了层观，方便眺望昭陵。有一天他拉着魏征，指着远处看，魏征回答说："臣老眼昏花，看不清。"唐太宗对他说："你看，昭陵不是就在远处吗？"魏征淡淡地回答："我以为陛下叫我看献陵（唐高祖李渊陵墓），如果是在看昭陵，那我看到了。"唐太宗明白魏征的话，古代"夫不祭妻"，很明显，唐太宗不思念父亲李渊，却思念长孙皇后，不符合礼法，太宗不得不拆毁了层观。这便是《新唐书·魏征传》中记载的"望陵毁观"的典故。

长孙皇后出身名门，但她匡扶社稷又清心寡欲，被后世广为赞誉。她和唐太宗对镜画过红妆，也曾南征北战费尽思量；她在乱世款款入场，又在盛世玉殒香消。太宗坐拥河山，空留余响，九嵕（zōng）山落下过多少夕阳，承乾殿又书写过多少墨香，上苑的层观步步成殇，若她芳魂归来，隔空凝望，能否见一位垂垂老矣的帝王，把一生想说的情话都刻在昭陵的墓碑上，永世难忘……

寒窑

所有的爱都不辜负等待

初唐的某一年春天，长安城郊外，几个不良少年围着一位年轻的女子调戏，女子大声呼喊，此时，一位少年拍马赶到，三拳两脚打退了他们。和所有英雄救美的故事一样，女子和少年即将上演一段爱情故事，不同的是，这段爱情凄美、婉转、动人，被后世不断演绎。

女子叫王宝钏，戏传是唐朝宰相王允的小女儿，救她的人叫薛平贵，家境贫寒，但他对眼前这位相国千金很是着迷，而王宝钏也对这位义士青睐有加，从此两人开始频繁来往。父亲王允得知后大发雷霆，坚决反对这门婚事，王宝钏据理力争，两人不欢而散，断绝父女关系。王宝钏随薛平贵住到了曲江的一处简陋寒窑，过起了清苦的日子。

当时边疆有人作乱，朝廷邀约沙陀军队与唐军一起征战。薛平贵想靠打仗出人头地，便积极投身军营，与妻子王宝钏依依惜别。薛平贵凭借着自己的努力，在军队里崭露头角，叛军也很快被平定。眼看将要回到长安，但此时沙陀军队被临时调往山西大同驻守，在大同，沙陀军队的公主纵马失控，被薛平贵救下，公主爱上了薛平贵，定要召为驸马。薛平贵权衡之后，只能依从，但心中仍牵挂着糟糠之妻。沙陀的军队又辗转到了阴山，整整十八年后，才回到长安。王宝钏在寒窑以挖野菜为生，靠纺纱度日，情郎虽多年杳无音信，但她心中盼君归来的想法始终如一。

薛平贵来到寒窑，和王宝钏相见，人到中年的王宝钏深情地望过去，眼神里全是当初的美好，两人从中午哭到晚上，这个女人为了深爱的丈夫等了十八年，生活就像是一把无情刻刀，改变了她的模样，改变了岁月，不曾改变的是曾经那个执着的少女向时间证明了她心底最深沉的爱。

王宝钏和薛平贵的爱情在正史中并未记载，只出现在京剧部分桥段中，故事符合中国传统的英雄救美、情郎变心、结局圆满的美好愿景，所以在民间广为流传。今天，西安市曲江寒窑景区树木耸立，房屋普通，这些朴素的环境背后，是每一次望穿秋水的等待，而等待是世间最温柔的事，又是极为残忍的，即使书信里长满了岁月的皱纹，即使岁月的皱纹花白了鬓角的青丝，仍执此一念，等你十八年。

相思

一首写给男人的情诗

“红豆生南国，春来发几枝。愿君多采撷，此物最相思。”唐代诗人王维的《相思》，短短二十个字，道尽了相思的聚散离合。后人常用这首诗来寄托男女之间的爱情，其实王维这首诗原本是写友谊的，跟爱情无关。

据说，“相思”这个词第一次用于男女之间是在汉代。公元前100年，汉武帝派苏武出使匈奴。临走时，苏武给妻子留下一首《留别妻》的诗，其中两句为：“生当复来归，死当长相思。”意思是如果我有幸能活着回来，一定会陪在你身边。如果我在匈奴有任何意外，也会永远思恋你。

苏武在匈奴被扣押了十九年，才回到长安，苏武对妻子做到了“生当复来归”的誓言，但妻子误以为他客死异乡，已经改嫁。故事并不完美，但留下了一首关于“相思”的诗。

在汉代还有一个故事，相传闽越国（今福建一带）有一女子，因为丈夫战死边关，她在一棵树下伤心欲绝，眼泪化成一种植物，叫作红豆。据《本草纲目》记载，红豆生长在南方，结出的果实一半是红色的，一半是黑色的，这种植物有剧毒，像极了人类的感情，一旦深入，便无药可解。

把红豆和相思联系在一起的是唐代著名诗人王维，王维的大作《相思》还有一个名字《江上赠李龟年》，是王维写给好朋友、大唐第一音乐家李龟年的作品，是朋友之间的牵挂。因为诗句朗朗上口，迅速火遍整个大唐。安史之乱后，李龟年和一群梨园弟子流落江南，在一次聚会时，唱出了这首《相思》，想到国破山河，想到四处漂泊，大家潸然泪下。

一千多年后，当代词作家林夕在创作歌曲的时候，正巧电视上播放一部日本电视剧，剧中女主角面临和男友分手，魂不守舍地在家煮着红豆，红豆煮糊也没留意。林夕以此为灵感，写下了大家耳熟能详的歌词："还没为你把红豆熬成缠绵的伤口，然后一起分享，会更明白，相思的哀愁。"

千百年来，关于爱情的故事更换了一个又一个，关于相思的红豆却依然晶莹剔透。这一颗含有剧毒的红豆，外表迷人，一旦采摘，便很难有药可解，剩下消瘦的容颜，刻骨的相思，让人久久不能忘怀。谁能数尽相思缠绵？谁又能参透此间少年？只恨红豆花开无言，情感自古难全！

天旋地转

三个八卦男书写最经典爱情

公元806年，白居易任盩厔（zhōu zhì）（今陕西西安周至县）县尉。某一天，他和两个朋友约好一起去马嵬驿附近的寺庙里游玩，其中一个人是小说家陈鸿，另一位是隐士王质夫。三个男人在一起聊得最多的是八卦，而且是马嵬驿杨贵妃和唐明皇的八卦。王质夫就倡议："这么好的爱情故事，需要有人记录，留存于后世，陈鸿就写杨贵妃的爱情故事，白居易为这段爱情写一首诗吧。"陈鸿的爱情故事当然是写得很好，但白居易的《长恨歌》我们更为熟悉一些。

《长恨歌》一开始是带有批判色彩的，说唐明皇爱美色，一直寻找绝世佳人而没有得到，刚好杨家有一位女儿天生丽质，后宫所有的嫔妃都黯然失色。后来写到唐明皇如何宠爱杨贵妃，如何到华清池沐浴，两人如胶似漆，唐明皇也不关心国家大事了，杨贵妃的家人飞黄腾达，裂土封侯。但是欢笑之后代价是凄惨的，安史之乱爆发，唐明皇带着杨贵妃仓皇逃出长安，在马嵬驿，军队哗变，唐明皇在万般无奈的情况下，让高力士杀掉了杨贵妃。杨贵妃以自己的死，换来了禁军继续向四川前进。

数年之后，安史之乱平息。李隆基从四川回长安的时候，路过马嵬驿，迟迟不肯离开。晚年的李隆基被唐肃宗软禁，他日夜思念杨玉环，还检讨荒淫误国以及往日的种种过失，慨叹人生不能两全。但伊人已逝，昭阳殿里人去楼空，蓬莱宫中倩影朦胧。

《长恨歌》中诞生了回眸一笑、碧落黄泉、地久天长、梨花带雨、天旋地转、天生丽质等多个成语，诗的最后：

在天愿作比翼鸟，在地愿为连理枝。

天长地久有时尽，此恨绵绵无绝期。

比翼鸟和连理枝都是象征恩爱的夫妻。《长恨歌》的“恨”字，其实是遗憾的意思，遗憾的是两个人的天长地久，变成了一个人的地老天荒。

后世说杨玉环不伦之恋也好，说唐明皇丢车保帅也罢，他们在盛世的时候，一曲霓裳羽衣曲轻轻飘散，随风入画；战乱的时候，一首长恨离歌，淡其芳华。他们在马嵬驿的星空许下最后的诺言，一个说珍重，一个说不舍，一个叫着太真，一个唤着三郎……从此后会无期，永不相见。

人面桃花

花光所有运气遇见你

唐德宗年间，有一位叫崔护的书生从博陵县（今河北保定博野县）到长安求学。崔护平时埋头苦读，在异地也没有朋友。某年春天，长安城草长莺飞，万物复苏，闲来无事，他决定去樊川（少陵原与神禾原之间的平川，为汉初大将樊哙的食邑，故得名樊川）来个徒步远行。

崔护一路漫行，周围红花绿草，春意盎然，不知不觉间他已经到了桃溪堡（bǔ，今陕西西安长安区杜曲街办所在地一带），崔护感到有些口干舌燥，想着找一处人家讨一口水喝。放眼望去，桃花树下，流水溪畔，风吹落的桃花，逐水而流，桃树深处有一处人家，他沿着青石板路来到了一个院子门口，房屋虽然简陋但是整齐且安静，真可谓世外桃源。

正当崔护仔细端详这处院落时，从里面出来一个妙龄少女，崔护错愕，拱手施礼，向她说明来意。女孩进门端了一碗水递给他，自己则依偎在门口，四目相望，似有柔情万种，但荒郊野外独处，崔护觉得不合礼法，喝完水道谢后便回家了。

回去后崔护继续努力学习，但女孩的一颦一笑始终挥之不去。

第二年春天，长安城桃花盛开，去年郊外的故事浮现在眼前，崔护决定故地重游。江山依然如画，林间半亩篱笆，只是一年后，石板路上多了些许青苔，桃花深处的草屋木门紧扣，崔护轻轻叩响门环，久久无人应答，大失所望，记忆可以封存，可心有时也会背叛，忘得了前世情缘，忘不了十里桃林中的纤纤女子。崔护提起笔写诗一首《题都城南庄》：

去年今日此门中，人面桃花相映红。

人面不知何处去，桃花依旧笑春风。

这首诗收录于《全唐诗》，“人面桃花”这个故事记录于唐朝孟棨的《本事诗》里。其实故事写到这里，物是人非的感觉已经足够让人产生共鸣，但我们讲故事喜欢有个完美的结局，所以，又过了几日，崔护再次来到这里，听见屋里有哭声，询问之下，原来是去年女子对崔护一见钟情，便陷入相思，思念成疾。崔护扶着不省人事的女子大哭，或许感动上天，女子醒过来，并与他结为夫妇。

灼灼桃花，绚烂如满天的红霞；一盏清茶，饮尽樊川山水人家；那一年，她白衣胜雪，那一瞬，他风度翩翩。不是剧中的姻缘，也没有月老的红线，只深情一眼，惊艳了初见。有些爱，藏在嘴边，挂在心尖。有些人，不够浪漫，却一眼万年，只愿下一个春天，叩响柴门，寻一碗清水，借问君安。

七夕

起源于长安的中国情人节

古代天文学家把天空中可见的星辰按照东西南北分成四组，叫作二十八星宿，北方七个星宿中，就包括“牛”与“女”。《诗经·小雅·大东》记载：跂（qǐ）彼织女，终日七襄……睆（huàn）彼牵牛，不以服箱。当时牛郎和织女仅仅表示两颗星星。

汉武帝年间，在长安城西南斗门镇一带修建了昆明池（详见图书《长安处处有故事·西安地理》昆明路），昆明池的东西两边分别立有牛郎和织女的石像，隔河相望。在汉代《古诗十九首》中，“盈盈一水间，脉脉不得语”一句已经将故事升华为爱情了。

南北朝时期有一篇《洛神赋》的注释中说：“牵牛为夫、织女为妇，七月七日相会。”同时期，任昉编著了一本《述异记》，里面有这样一个故事：相传天河的东边住着织女，每天纺线织布，生活过得单调而孤独，天帝可怜她，准许她嫁给天河西边的牛郎。两人沉溺于二人世界，天帝很不开心，责令他们只在每年七月初七见一次。七夕故事的主角和剧情都已完备。

唐玄宗年间，每年七月初七，皇宫中都会摆满鲜花、果蔬、美酒，唐玄宗和杨贵妃卿卿我我，于是有了白居易的“七月七日长生殿，夜半无人私语时。”这一天也因为这句诗被确定为中国的情人节。

唐德宗年间，人们根据汉武帝留下的石像，在斗门镇修建了“石爷庙”和“石婆庙”，从此，前来祈求姻缘的人络绎不绝。女孩们在这个充满浪漫气息的晚上，对着天空，摆上时令瓜果，朝天祭拜，乞求赋予她们聪慧的心灵和灵巧的双手，让自己针织女红（gōng）的技法更加娴熟，更乞求爱情的姻缘巧配，所以“七夕节”又叫“乞巧节”（相传女娲造万物，人类刚好在第七日造出，《黄帝内经》记载，“七”是女子的生命之数，故“乞巧”选在七月初七）。传说在七夕的夜晚，抬头可以看到牛郎织女在银河相会，或在瓜果架下可偷听到两人在天上相会时的脉脉情话。至今斗门镇仍然保留着七夕节祭祀牛郎织女爱情的活动。

如今每年的七夕，我们会携一人之手，仰观银河水，闲看天际云。有人说明月相思成灾，眼泪流成银河，而世上总有那么一颗星，她一出现，整个银河都要隐去光辉。她带着千年的传说，带着如期之约，款款走上鹊桥……是谁编写这样的故事，搁浅后墨迹未干；又是谁拨开云端，让看官泪湿青衫，璀璨的银河倒映于凡人的杯盏，本应该互道晚安的夜晚，却只能对着星空唤起久远的思念……

醉打金枝

如何对付刁蛮公主

在唐朝历史中，有过很多战功显赫、名震天下的英雄。这些风云人物中，郭子仪是最为传奇的一个，他戎马一生，在安史之乱中，收复长安、洛阳两地；他计退吐蕃，二复长安；说服回纥，威服叛将，平定河东。他权倾天下而朝不忌，功盖一代而主不疑。

唐代宗为了感谢郭子仪为李唐江山做出的贡献，封他为汾阳王，将爱女升平公主嫁给郭子仪的第六子郭暧。郭暧和升平公主均在极为富贵的家庭中长大，两人生活中也常有互不相让的情况。按照常理，媳妇要给公婆行礼，但是升平公主是金枝玉叶，是君，而郭暧家是臣，郭暧和他父亲都要向公主下跪行礼。郭子仪七十大寿时，群贤毕至，纷纷祝贺，唯独升平公主没有当面给公婆行礼，如果说平时，郭暧还能忍受，但是自己父亲过生日，多喝了几杯，当即要求升平公主应该遵守妇道，给父亲行下跪礼，结果被升平公主严词拒绝。此时，郭暧借着酒劲，一耳光打得公主满脸开桃花，大声吼道："你爹是皇帝又能怎样，江山都是我爹打下来的，我爹还不想做皇帝呢！"

郭子仪听说儿子醉打金枝，意识到事情的严重性，亲自将儿子绑起来，到大明宫请罪。唐代宗面对这个棘手的问题，决定大事化小，小事化了，认为这是两口子闹脾气，所谓“不哑不聋，不做家翁”。他宽解郭子仪道：“小儿女们在闺房中几句戏言气话，我们做长辈的，何必当真？”让他们和好如初。

这个故事的原型最早记录于《资治通鉴》中，历史上的驸马郭暖，也是真的有过这样一番冒犯公主的故事，但是否“醉打金枝”无从考证。后来文学作品纷纷描写，甚至京剧中还有对这个故事的演绎。

到了唐德宗年间，发生朱泚叛乱，叛军进入长安后，郭暖和升平公主没来得及逃走，叛军逼迫郭暖接受他们的官职。夫妻一心，坚持不受叛军的官职，唐德宗赞扬了他们的气节，封郭暖为金紫光禄大夫，也算不辱没郭子仪的一世英名。

人说岁月会生成情意，却不知这情意因岁月生成了嫌隙，我们期望的爱情是身无彩凤双飞翼，可知醉打金枝后的故事却超出了预期。何为情爱，一日三餐，无问东西，良辰美景，娶她为妻。

后　记

高　宇

距离我第一本书《长安处处有故事 · 西安地理》出版已经过去了三年，这期间我做了很多工作，大多为了生计和学习，只有《长安处处有故事》这个节目一直坚持在做，也只有在周末和深夜才有时间静下来写写书稿。研究历史一直是我的理想，有时候谈理想是一件很奢侈的事情，因为没有人在乎你辗转反侧熬了几个秋。外人只看结果，自己要独撑过程。等我们都明白了这个道理，便不会再在人前矫情，四处诉说以求安慰。

时间和历史在一座城市里厮守，这是文化存在极温暖的方式，古老的建筑，历经岁月变迁的文化，是这座城市留给我们最好的礼物。回民街从头至尾的叫卖声是历史，城中村从内而外的修补手艺是历史，就连城门上一颗普通的钉子也是历史，而这些东西从古代流传到现在，成为人们习以为常的元素，并在我们面前展现，这就是传承。

《长安处处有故事 · 成语典故》讲述的是发生在西安的一个个历史故事。在写每一个人物、每一段故事的时候，我都反复查证，且饱含热情。每一个历史人物在特定的历史空间做出的抉择，都符合他们当下的认知和需求，后来读史的人要慎重评价，每一个历史事件，既有人为设计，又有很多难以预料的历程。历史从来都是即兴之作，却又有章可循。

《长安处处有故事 · 西安地理》发行后，很多人把该书当作伴手礼送给外来的朋友；有朋友回西安买一本带到国外，每逢佳节便在字里行间找寻乡愁；也有很多中小学生家长购买，并让孩子仔细研读。

我深知责任重大，希望我们的孩子走到朱雀大街，能想到文坛大师韩愈在此遇见苦吟诗人贾岛，有了“推敲”的故事；来到大雁塔，能知晓唐朝学子中进士后，均要在此留下名讳，“雁塔题名”成为读书人的信仰；到了曲江，能背诵“穿花蛱蝶深深见，点水蜻蜓款款飞”的诗句。历史的车轮碾过无数的悲欢离合，在乱世，时势造英雄；在盛世，英雄造时势。当然，历史并非只有王侯将相、文人墨客，还有行侠仗义的郭解，重情守信的尾生，心地淳朴的杨敬之，不畏强权的李元纮，各个层面不同性格的人物同样具有看点，这本书里不论成败，只论英雄。我们的历史并不是非黑即白，人物也不是好坏分明，夹杂着很多情感、怨念、评判，所以历史不能简单地一概而论，就像写成这本书，需要无数双手推动着我前进，我会记住你们每一个人的名字，这是我们共同的作品。

感谢陕西省广播电视局申小毅处长和中共陕西省委宣传部印刷发行处处长张光荣先生对于本书出版的帮助；感谢陕西交通广播总监曹信先生对本书的大力支持，感谢图书出品人王海峰先生、史晓东女士和张家玮女士对图书策划、营销和宣传所付出的努力，感谢陕西交通广播团队所有人；也要感谢樊登老师对图书的认可以及对西安历史的情感共鸣，为图书作序，让这本书在市场上更有分量；感谢为本书提供学术支持的韩鹏杰老师、张爱萍老师、吉广利老师、马彦群老师、雒长安老师、王大毛老师、王喜严老师、闫晋瑛老师、高昱老师、左伟老师；感谢本书参与音频录制的麦子、何清、乔夏、铁贝贝；感谢至今仍和我一起战斗的队友们：程建臣、胡珊蓉、颉弋萌、高辰、杨倩；感谢喜马拉雅万物声为新书发布所做的努力；感谢好友贺蕾、刘昱辛、陈宁、阳婷、袁浩博、武艺彤、刘雨薇、陈薇钧、张帆、郑丹阳、秦呈辉、郭美君、白鼎臣、冯仕祺、冯琳、蒋菁梅、刘烨、王丹的支持；感谢陕西聚众文化传媒有限责任公司和西安声之广广告文化传播有限公司，这两家公司开发的地域文化品牌节目《韩城处处有故事》《彬州处处有故事》和《蒲城处处有故事》，让我们的文化产业得以延续，也希望陕西更多城市的历史能被挖掘整理，向世人展示，这是我们这一代人的责任，也是历史的使命。

本书较之于《长安处处有故事·西安地理》，我们增加了文字量和品质感，并手绘了隋唐长安城108坊的地图，有助于读者查阅。这本书在文字品质和学术严谨性上还有很多需要改进的地方，希望大家批评、指正。在浩如烟海的图书中，《长安处处有故事》只能陪您度过短短的一段光阴，像一座小小的石桥，连接古代的人物和现代的读者。我们每一个人也都会在桥面上留下深深浅浅的足迹，书的这头是我们的青丝，书的那头是历史的白发。

感谢一直喜欢《长安处处有故事》广播节目的朋友，每个时代，都在悄悄犒赏会学习的人，生命就应该“浪费”在一本又一本的好书上，不是吗？

2019年12月